JN084330

市民の考古学—18

古墳時代の親族と地域社会

岩永省三編

同成社

は じ め に

　古墳時代は、日本に全国的な支配・統治機構ができあがっていく
過程にあった。3世紀後半、近畿地方中央部に成立した首長連合体
がしだいに地方の首長たちより優位な立場を獲得し、地方首長を支
配下に組み込んでいった。5世紀には各地の大首長が大王を支える
体制ができた。6世紀には、近畿中央部では、大王家の周囲に結集
した有力豪族たちは氏（ウヂ）に組織され、それぞれ王権の職務を
担うようになった。地方では首長たちが国造や伴造に任命されて中
央の大豪族に従いつつ、支配下の民衆からとりたてた物財や労働力
を中央に吸い上げられる全国的体制（国造制・部民制・ミヤケ制）
ができていった。

　このような政治的動きの背後・基盤には、それを可能にする親族
組織の変化が進行していた。親族組織とは、親子・兄弟・姉妹の親
族関係と婚姻による姻族関係で結びついた集団であるが、祖先との
関係が男性を介する父系、女性を介する母系、男女の双方を介する
双系がある。重要なのは、大王家や首長層の長の地位や財の継承法
が、5世紀後半に、弥生時代以来の双系的なものから父系的なもの
へと変化しはじめる点である（田中 1995）。

　これによって、近畿中央部では政治的有力集団が族組織としての
範囲が定まって安定し、複数の有力集団が父系原理で結集してウヂ
を形成し、王権の職務の受け皿となりえた。ウヂの統率者集団は律
令体制期の官僚機構上層部の基礎となった。国造や伴造になった地

ii

方首長たちも族組織として安定し、後の郡司層＝地方官僚の基礎に
なった。

　被支配者層は6世紀には貧富の格差が拡大したが、その上位層は
家長位の継承が父系になり（非家長層には双系が根強く残る）、家
長以外の傍系親族が独立して未開発地を開発し、経営単位として安
定するようになった。彼ら有力民衆層が小さな古墳を作るようにな
り、群集墳が爆発的に増えることとなった。彼らを権力の側で単位
として掌握して、7世紀に徴税や常備軍兵士徴発の体制が作られて
いった。

　このような時代的背景を念頭に、本書では、6人の分担者が親族
関係・地域社会・国家形成をキーワードに以下のような課題につい
て論じる。

　第1章「威信財と親族関係」では、古墳の造営や、大王から首長
への鏡などの威信財の授受のあり方が、親族関係の変化に左右され
る大王や首長の地位継承（代替わり）と深い関係にあることを論じ
る。古墳時代の前半期には親族関係が双系で世代間継承が不安定で
あるため、古墳造営や威信財授受が各地の上位層の世代交代を契機
として行われ、威信財が近隣の上位層に共有されたとみる。そし
て、5世紀後半の首長位継承の父系化が、威信財授与対象の集団か
ら個人への変化や授与機会の変化を引き起こし、古墳被葬者の選定
法（どの範囲の親族を同一墓に入れるのか）も変化させたことなど
を論じる。

　第2章「儀礼と親族関係」では、古墳時代の墳墓（古墳とは限ら
ない）で実施される葬送儀礼のうち、親族関係の変化とともに変化
する儀礼——服喪抜歯・断体儀礼・改葬——に注目する。改葬のう

ち、古墳時代後期の複数個体をまとめて再度埋葬する「改葬」について、「部民制」の施行に伴う親族集団の解体／再編成の動きに対抗し、集団の結束を強化しようとする動きと評価し、それが南九州南部でほとんど確認できないのは、部民制が施行されず、親族集団の不自然な解体／再編成がされなかったのが主要因で、地下式横穴墓造営集団の社会組織の在り方が政治的制度の導入の可否に大きく作用したとみる。

第3章「なぜ人骨の形態に地域差が生じたのか」では、九州の古墳時代人の形質的地域性の発現過程とその要因を解明する。従来、九州の古墳時代集団の形質の地域差は、弥生時代における大陸からの渡来人の遺伝的影響の拡散・強弱に辿れると指摘されてきた。近年増加した古墳時代人骨資料にもとづき、とくに頭蓋と四肢骨の形質を分析した。その結果、先行研究成果とは異なる地域性が判明し、その発現には、古墳時代になってからの新たな列島内の地域間交流、あるいは朝鮮半島との交流による人・物・情報の往来、そして親族組織や社会統合あり方の変化が密接に絡んでくることを想定した。

第4章「地下式横穴墓から地域社会を考える」では、地下式横穴墓について考古学的検討を行った。墓ごとに副葬品と被葬者の関係を確定し墓の代表者を認定した。墓群内で、副葬品組成、墓室構造・規模、墳丘の有無などから墓群の階層構造の分析を行うとともに、墓群内の墓の分布、立地、階層構造から、墓郡内での群構造の分析を行った。さらに、単一の墓群だけでなく、墓群間、地域を越えた地下式横穴墓群の比較分析を行った。また、地下式横穴墓を造営する社会で、双系の親族関係を維持する社会構造に起因するとみられる女性の武装、軍事への関与が明らかとなった。

　第5章「須恵器生産と氏族認識」では、手工業生産を継続するうえで重要な技術の継承のシステムという観点から、生産者の親族組織と氏族認識を検討する。とくに須恵器生産の場合、父系に傾きつつあった家族経営で生産が始まり、6世紀から生産者が「王権への奉仕」に携わる部民に組織され、部民を管掌する伴造氏族や屯倉の活動が、技術の維持や伝播で重要とする。須恵器生産の中核的役割を果たした人々が神部を名乗った事情を検討し、須恵器生産が祭祀に必要な酒道具の生産であったとみる。生産の継続と技術の継承には、従事する家族や親族組織の継承が根幹となることに注目する。

　第6章「親族関係からみる国家形成」では、親族組織の在り方と財や地位の継承法、社会統合の在り方に密接な関係があり、古墳時代後半の国家形成期には、それらが跛行性は持ちつつも有機的に関連しつつ変動していったとみるが、それが日本列島で一様に進んだわけではないことに注目する。列島の南北両端では、国造制・部民制・ミヤケ制が及ばず、律令国家の支配者たちから異文化集団と認識され、隼人・熊襲あるいは蝦夷と呼ばれた人々が住んでいた。そこに全国的統治制度が及ばなかった事情について、親族組織の違いが原因となった社会組織の相違があった可能性が大きいと捉えた。

　なお、本書は、岩永を代表者とする科学研究費助成事業「国家形成前段階における親族構造の地域的変異に関する研究」（令和元年度〜3年度：課題番号19H01342）にもとづく学会発表（日本考古学協会2022年度福岡大会・研究発表分科会2「古墳時代の親族関係と地域社会」）の要点を中心に研究成果を纏めたものである。

岩　永　省　三

目　次

古墳時代の親族と
地域社会

第1章　威信財と親族関係

　古墳時代は、列島各地の上位層が近畿地域を中心とした政治的ネットワークに参加し、前方後円墳をはじめとした古墳の規模や形態の違いによって相互の社会的・政治的立場を視覚的に表現した時代である。その中で、威信財とは、社会の上位層の間で贈与・交換が行われ、その入手・使用・消費を通して社会的・政治的立場が維持・再生産されるような器物を指す。古墳時代の場合は、埋葬施設に副葬された青銅鏡・装身具類・鉄製武器類・武具類・馬具類などがその代表格である。人類学では、階層化が進んだ首長制社会においてこうした威信財の授受を通して社会の中の関係が維持・再生産される仕組みのことを「威信財システム」とよんでいる。古墳時代は、その意味で威信財システムから古代国家の形成にいたる転換期にあたるものと考えることができる。

　そうした古墳時代の社会の中で、古墳に埋葬された人々は、地域社会の集団の代表者やその近親者などであると考えられている。その場合に、上記のような各種の威信財はどのように古墳被葬者のもとにもたらされ、保有されたのだろうか。また1つの古墳に複数の被葬者が埋葬される事例は珍しくなく、むしろ多数派であるが、その場合に同じ古墳に埋葬された複数の被葬者はどのような関係にあったのだろうか。本章では、大きく古墳時代前期〜中期前半と、

中期後半～後期の２つの時期に分けて、それぞれの時期における古墳の被葬者像とその時期的な変遷について、威信財という観点から考えてみたい。なお本章では、前期を３世紀中葉～４世紀代（1～4期）、中期を４世紀末～５世紀代（5～8期）、後期を６世紀代（9・10期）として記述する。1～10期は広瀬和雄氏の編年基準（1992）とそれを修正したものを用いている。

1. 研究の背景と本章の課題

　古墳時代の親族関係は、かつては『古事記』や『日本書紀』のイメージを受けつつ、父系直系とする理解が一般的であった。小林行雄氏が「古墳の発生の歴史的意義」を男系世襲制の確立として論じたことはよく知られている。またそれとは別の脈絡で、各地における古墳の連続的な築造パターンを「首長（墓）系譜」「首長墓系列」として記述することが一般化しているが、例えば前期古墳の被葬者を男性としてイメージした場合、それが父系直系の地域首長墓として理解されることも少なくない。

　一方で、古墳に埋葬された人骨によってもたらされる情報により、被葬者像を検討することが行われてきた。その中で、特に1980年代以降に古墳出土人骨の形質人類学的・骨考古学的検討が行われた結果、古墳時代前期～中期前半は被葬者の男女比率がおおむね６：４であり同世代のキョウダイが埋葬されることが一般的であったこと、中期後半以降に最初に埋葬される被葬者の９割が男性となり父系化が進展すること、この中期後半以降の父系化を基礎としながら父系の出自集団が経営単位として成立し、古代国家形成が

進展したことが田中良之によって示された（田中 1995・2008）。田中の分析方法は、歯の大きさの組合せの遺伝的特徴（歯冠計測値）から親子もしくはキョウダイの親族関係を推定するもので、それによれば、キョウダイ原理にもとづく基本モデルⅠから、男性家長と独立しなかった子どもたちが追葬される基本モデルⅡ、そしてそこに家長の妻も同墓埋葬される基本モデルⅢへと変遷したという（図1）。基本モデルⅠは弥生時代〜5世紀前半、基本モデルⅡは5世紀後半〜6世紀後半、基本モデルⅢは6世紀前半から中頃以降とされている。基本モデルⅠは双系的親族関係とよばれるもので、世代間の継承原理が父系・母系のいずれか一方に限定されず男性・女性のいずれも次世代の代表者の権利があるため、その意味で上位層の代替わりが不安定であったと考えられている。この結果、古墳時代前期においては古墳の築造が継続する地域としない地域の双方が多くみられる。これに対し、中期後半以降は父系化の進展により、世代間継承と経営単位の析出が安定して行われるようになり、結果として古墳の築造も連続して行われる地域が一般化したと考えられている。父系化の要因としては、倭の五王の遣使や百済などの朝鮮半島の諸地域との交流を通して父系イデオロギーが導入されたことをあげている。こうした田中の議論の学史的意義については岩永省三の研究（2003）に詳しいのでご参照いただければと思うが、田中の方法論をふまえ、各地の資料をもとに検討を行った清家章の研究では基本モデルⅠ・Ⅱが近畿地域も含めて広く認められる一方、基本モデルⅢについては事例が少ないことからどの程度一般化できるかが課題であることが指摘されている（清家 2010・2018）。

　田中の研究は、大分県上ノ原横穴墓群をはじめとした、人骨の遺

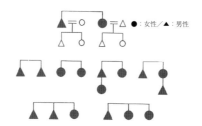

基本モデル I とその変異型：弥生時代〜古墳時代中期前半（5世紀前半）

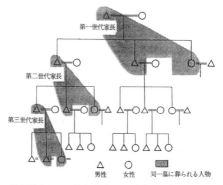

基本モデル II ：5世紀後半から6世紀後半：父系直系の親子で、独立した子（家長）と妻を含まない

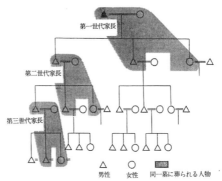

基本モデル III ：6世紀前半から中頃にかけて以降：父系直系の親子で、妻を含む

図1　田中良之の古墳時代親族構造・基本モデル I 〜 III（田中 1995）

存状況が良好であった遺跡の事例にもとづくモデル化であるが、こうした成果は人骨が出土していない古墳の事例を考える上でも有効である。筆者自身も、この田中のモデルを参照しながら古墳時代の威信財授受や地域間関係について検討を行ってきた。特に前期後半から後期にかけてみられる、同一古墳および同一埋葬施設に複数の被葬者が埋葬される事例において、各種副葬品がどのようにそれぞれの被葬者に保有されたのかといった点は、地域社会とそこにおける上位層がどのように構成されていたのかを考える上で重要な論点である。以下本章では、特に上述の基本モデルⅠから基本モデルⅡへの転換が古墳の埋葬において具体的にどのようにあらわれるのか、またそれがどのような歴史的意義を持つのかについて、上記の成果を参照しながら人骨が遺存していない事例を中心に検討したい。

2.　古墳における複数被葬者と威信財授受

（1）前期～中期前半の事例

　前方後円墳の埋葬においては、一般的に後円部に主要な埋葬施設が築かれるが、その場合も複数の埋葬施設が並存する事例が多い。また前方部や墳丘の周辺に埋葬施設が築かれる場合も多い。前期古墳でも近畿の大型前方後円墳では、大型の竪穴式石槨を主体部として構築する場合が多く、主たる被葬者の数が限定されている事例も多いが、前期後半以降になると後円部平坦面に複数の埋葬施設が並存する事例が増加する。一般的にこれを「墳丘並葬」とよんでいる。ここでは、副葬品の内容から被葬者の性別などが推定されてい

る事例について検討したい。

　前期から中期の古墳においては、人骨が出土する事例を元に、女性の被葬者には鉄鏃などが伴わず腕輪形石製品などが着装もしくは腕部位置に副葬される事例が多いことが指摘されている。また女性被葬者には刀子を副葬する事例が多い。他方で、男性には鉄鏃や鉄製武具類が伴うことから、人骨が残っていない事例についても副葬品の構成から被葬者の性別の推定が可能である（清家 2010）。

　また副葬品に関しては、従来から副葬品組成の時期差が古墳編年の指標となることが注目されており、このことから副葬品の入手は各世代の古墳被葬者ごとに行われ、この点で世代間継承はいわゆる世襲的なものではなかった可能性が指摘されている（都出 1970、近藤 1983）。このことと、先に述べた双系的親族関係における継承の不安定性という点は呼応しており、そうした双系的親族関係であったがゆえに、上位層の世代交代に際して、新たに集団の代表者となる人びとは、自身の社会的・政治的位置を正当化するために、近畿地域とのつながりのもとで各種副葬品を入手し保有したものと考えられる。また一方で地域の有力集団の中で副葬品が継承・伝世される事例も広く認められ（森下 1998、下垣 2022）、こうした各種副葬品の各世代における入手と世代間継承を通じて、上位層の代替わりが正当化されていたものとみられる（辻田 2007・2019）。こうしたあり方を示す事例について、以下で具体的に検討したい。

　図 2-1 は大分県宇佐市の免ヶ平古墳の埋葬施設で、前期後半（3期）に築造された 50m の前方後円墳である。ここでは、竪穴式石槨の第 1 主体と箱式石棺の第 2 主体が検出され、後者からは女性人骨が出土している。第 1 主体も副葬品の構成と前述の清家章のいう

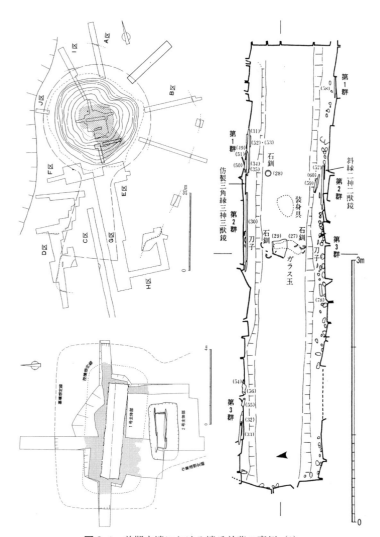

図 2-1　前期古墳における墳丘並葬の事例（1）

大分県宇佐市・免ヶ平古墳（50m）・前期後半（3期）

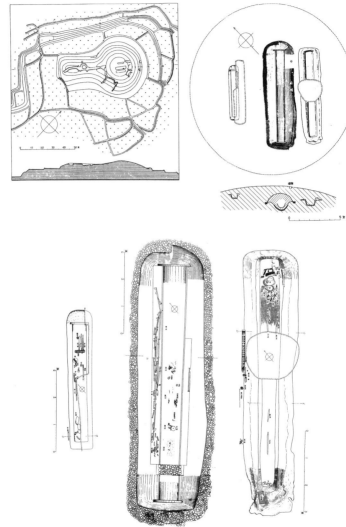

図 2-2　前期古墳における墳丘並葬の事例（2）

大阪府和泉黄金塚古墳（94m）・前期末

腕輪形石製品の腕部配置副葬などから女性被葬者の埋葬が想定される。すなわち、女性 2 体の被葬者が並葬された事例である。

　図 2-2 は大阪府和泉黄金塚古墳（4 期・前期末・94m の前方後円墳）の事例で、後円部平坦面に 3 つの埋葬施設が検出されている。ここでも、副葬品の構成から、中央槨が女性、東槨・西槨が男性の被葬者と想定されている。

　これらの事例においては、主たる被葬者が女性であること、また複数の主体部の副葬品の間に時期差が認められないことから、ほぼ同時期に製作され、また入手されたことがうかがえる。このことは、これらの副葬品が、古墳が築造された地域の集団の元にもたらされた後に、複数の被葬者の間で分有されたこと、また人骨が遺存していない事例については不明ながら、副葬品に時期差がない点から、被葬者同士が同世代の近親者（田中の基本モデル I でいうキョウダイ）であった可能性が高いことを示している。前期の前方後円墳で同様に中心主体部の被葬者が女性と想定される事例は一定数存在しており、こうした埋葬が比較的一般的であったことを示している。

　図 3 に掲げたのは、北部九州における初期横穴式石室の事例である。前期末から中期にかけて、北部九州では列島の中でもいち早く朝鮮半島から横穴式石室を導入するが、そこでいわゆる「追葬」がどのように行われたかについて、具体的に検討したい。

　図 3 上左は、佐賀県唐津市の谷口古墳（4 期・前期末・92m 前後の前方後円墳）の事例である。ここでは後円部に東西 2 基の初期横穴式石室が構築され、中にはそれぞれ長持形石棺が納められている。あわせて、前方部にも舟形石棺が 1 基埋葬されている。副葬品

12

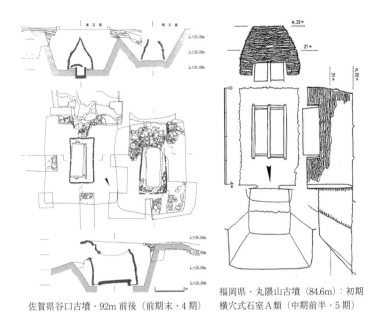

佐賀県谷口古墳・92m 前後（前期末・4 期）

福岡県・丸隈山古墳（84.6m）：初期
横穴式石室A類（中期前半・5 期）

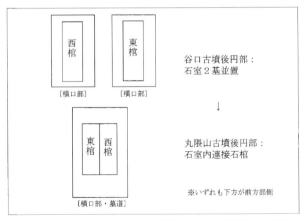

図3　初期横穴式石室における複数被葬者の同所埋葬の事例

の構成から、いずれも男性の被葬者の埋葬が想定されている。ここで注目されるのは、追葬が可能であるはずの初期横穴式石室が「2基」構築され、それぞれに 1 体ずつの被葬者が埋葬されており、追葬が行われた可能性が低いとみられる点である。

　これに関連して注目されるのが図 3 上右に掲げた福岡市丸隈山古墳（5 期・中期前半・84.6m の前方後円墳）の事例である。ここでは、後円部に初期横穴式石室が構築され、その内部に石材の一部を共有した石棺（筆者は「連接石棺」と呼んでいる）が設置されている。発見が古く詳細は不明ながら、出土した人骨の特徴などから男性と女性が 1 体ずつ埋葬された可能性も想定されている。この石棺は、石材や棺材の加工技術が上記の谷口古墳の長持形石棺などと共通することから、唐津地域と博多湾岸西部の間の密接な関係を示すものと考えられている。

　この 2 つの事例で注目されるのは、1 つの埋葬施設の構築後に別の施設が追加されるようなあり方ではなく、墳丘主軸を挟んで 2 基の埋葬施設の位置が設定されていることから、当初から少なくとも 2 人の被葬者を埋葬することが「予定」されていたことを示している点である。筆者は、上記の谷口古墳でみられたような［初期横穴式石室＋長持形石棺］を 2 基構築するあり方を、簡略化して 1 つの石室に統合したのが丸隈山古墳の連接石棺ではないかと考えたことがある（辻田 2011）。すなわち、当初から 2 人の被葬者の埋葬が「予定」されている場合に、2 つの埋葬施設の構築を行うのではなく、1 つの埋葬施設で行えるように統合したことに意味があると考えられる。いい換えれば、谷口古墳のように初期横穴式石室を 2 基構築するあり方は、前述の「墳丘並葬」そのものであり、ハード

ウェアとしての埋葬施設は新たなものへと変化しながらも、そこで行われた葬送儀礼や埋葬原理は基本的にそれ以前のものを継承していたことを示しているのである。谷口古墳の東西2基の石室および丸隈山古墳の出土遺物においては、各被葬者の副葬品同士の間で時期差がみられず、ほぼ同時期と考えられるのも同様である。

　あわせて注目されるのは、谷口古墳の東西石室では、石室や石棺の規模等においてほぼ同一である一方で、たとえば副葬された鏡の面数などに差がみられることから（東石室では5面、西石室では2面、いずれも仿製三角縁神獣鏡2面を含む点は共通する）、同一規模・内容の埋葬施設を構築することによって「（埋葬が）予定された被葬者たち」の「つながり」を強調しつつ、副葬品の内容・量の違いによって被葬者の間でのさまざまな差異を表現したものと考えられる点である。

　以上を整理するならば、前期～中期前半の事例においては、墳丘並葬・初期横穴式石室のいずれの場合も、副葬品の構成に時期差がない場合が基本で、多くは同世代の被葬者たちであることが想定される。かつ田中の基本モデルⅠで示されるように、初葬の被葬者の男女比率にあまり差がなく、女性を主たる被葬者とする場合が少なくなかったと考えられる。またこれらの墳丘並葬や初期横穴式石室の事例はいずれも「予定された被葬者たち」が同じ場所に埋葬されることが志向されている点が共通している。いい換えれば、墳丘並葬および初期横穴式石室の追葬事例は「同世代の被葬者の同所埋葬」という点において置換可能である。副葬品の構成において時期差が含まれない点を考慮するならば、前期～中期前半における威信財の授受は、各地域の「集団」に対して贈与が行われた後に、地域

集団の側で選定された代表者（複数・同世代）の間で威信財の分有
が行われた、という理解が導かれる。上述の基本モデルＩでいうと
ころのキョウダイ原理がその背後に想定される。

　上述のような前期〜中期前半の事例においては、近畿地域の政治
権力による器物の授受が地域集団を単位・窓口とする形で行われた
と考えられる。古墳時代前期の威信財授受については、大きく近畿
からの使者派遣による「下向型」（小林 1959、川西 2000）と各地
から近畿に赴き威信財を入手する「参向型」（下垣 2003、森
下 2005）の両者が想定されているが、筆者は後者の立場を採って
いる（辻田 2007）。その場合も、後述する中期後半以降の人制のよ
うなあり方と区別する形で、「参向型１類」として設定している。
これは、各地の地域集団から派遣された人々が、貢納を伴う形で近
畿の大型古墳群造営や葬送儀礼などに参加した見返りとして威信財
の贈与を受けるようなあり方を想定したものであるが（辻
田 2018・2019）、本章でみたような古墳被葬者の選定という観点か
らみた場合、そこで入手された各種威信財が地元に持ち帰られた後
に、地域集団の代表者（たち）の間で「分有」されたとする見方で
ある。この場合の地域集団の代表者（たち）が複数の「予定され
た」被葬者として選定され、それが同世代のキョウダイを基本とす
る場合が多かったと想定される点をここで確認しておきたい。

（2）中期後半における被葬者像の変容

　以上にみたような中期前半までの事例は中期後半以降にも継続す
る場合が多いが、その中で、同一古墳の副葬品組成の中に時期差が
あるものが含まれるようになる。これは同一古墳において複数の埋

葬施設が築造される場合に時期差がある場合と、同一埋葬施設内の
副葬品に時期差がある場合の両者がある。前者の具体例として、埼
玉県稲荷山古墳の礫槨があげられ、後者の例として、福岡県山の神
古墳・番塚古墳・熊本県江田船山古墳などがある。これらの事例も
含め、須恵器の TK23〜47 型式の時期（5 世紀後葉〜末）までには
出現しているものとみられる。これは前述の田中の基本モデルⅡに
該当し、この前後の時期から古墳の築造契機となる被葬者の男性の
割合が大幅に増加する。上述のように、上位層の間では引き続き中
期前半以来のあり方が広く行われていたとみられる一方で、田中が
分析した大分県上ノ原横穴墓群のように、地域によっては 5 世紀後
半の早い段階で採用される場合もあり、この両者の併存と漸次的な
転換がこの時期の特徴と考えられる。

　ここでは埼玉県稲荷山古墳と江田船山古墳の事例について検討す
るが、これらは銘文刀剣にみられる人制の関連資料である点が共通
している。人制とは「杖刀人首」「奉事典曹人」などのような形で
示される様々な職能によって倭王に仕奉する仕組みであり、各地の
有力者（の子弟）が中央に上番し、倭王に仕えたものと考えられて
いる（吉村 1993・2003）。稲荷山古墳出土鉄剣の銘文では、「杖刀
人首」の「ヲワケ」が、江田船山古墳出土大刀の銘文では、「奉事
典曹人」の「ムリテ」が同様にワカタケル大王（倭王・武）に仕え
たことが記されている。このヲワケやムリテが稲荷山古墳や江田船
山古墳の被葬者自身を指すのか、別にワカタケル大王に仕えた中央
豪族がおり、その中央豪族から地方豪族としての稲荷山古墳・江田
船山古墳被葬者に対して賜与されたのかについて意見が分かれてい
るが（後者の例として白石太一郎（1997）、前者の例として吉村武

彦（2003）の見解などがある）、いずれにしても稲荷山古墳・江田
船山古墳の被葬者が中央に上番して大王に仕えたことにより、その
機会を通じて鉄剣・大刀が与えられたとみられる。このことは、以
下にみるように威信財授受の形式としても重大な変化をもたらした
と考えられる。

　順にみていくと、稲荷山古墳は5世紀後葉に築造された120mの
前方後円墳で、6世紀代に継続する埼玉古墳群の嚆矢となった古墳
である。後円部で検出された礫槨から、上記の銘文を刻んだ鉄剣が
出土している（図4）。他方、礫槨の位置が後円部の中心からずれ
ており、中心的な主体部はより深い位置に別に存在するものと考え
られている。また礫槨の時期は須恵器のTK47型式であるのに対
し、古墳の築造に伴う須恵器はTK23型式前後まで遡ると考えら
れることから、中心主体の被葬者と礫槨の被葬者は同世代のキョウダ
イもしくは親子のいずれの可能性も存在する。注目されるのは、こ
の礫槨出土遺物の副葬品が鏡・装身具類・鉄製武器・武具類・馬具
類といった品目を全て揃えており、礫槨被葬者が「個人」として入
手したと考えられる点である。この点と、先の銘文の内容が重なる
と考えられるのである。

　江田船山古墳では、横口式家形石棺とよばれる追葬可能な埋葬施
設が構築されており、ここからは5世紀後葉から6世紀初頭にかけ
ての副葬品が出土している。最大で3時期の組合せの副葬品が含ま
れるものと考えられており（白石 1997）、銘文大刀もその中に含ま
れている（図5）。ここでも、新たに副葬品を入手した個人が追葬
されたものと考えられる。

　これらの事例に共通するのは、古墳の築造契機となった人物の埋

18

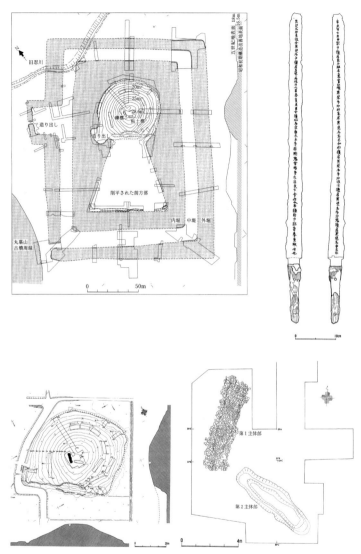

図4 埼玉県稲荷山古墳の礫槨（第1主体部）と金象嵌銘文鉄剣

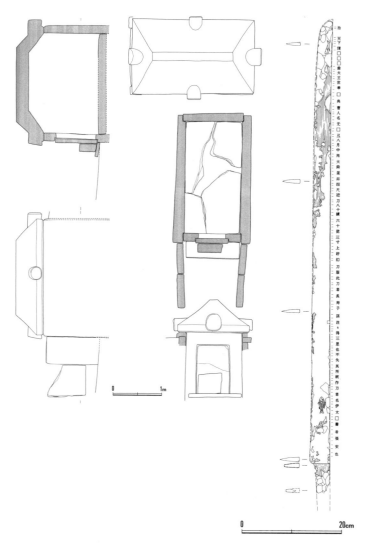

図5　熊本県江田船山古墳・横口式家形石棺と銀象嵌銘文大刀

葬とそれに伴う副葬品とは別に、別の被葬者が個別に副葬品を入手・保有しており、その被葬者が別の埋葬施設もしくは同一の埋葬施設に追葬される形で埋葬されている点である。前期～中期前半の事例においては、集団に対して贈与された副葬品を集団の代表者たちが分有する方式が基本であったのに対し、中期後半以降では、特定の被葬者「個人」が直接大王に仕えるなどして副葬品の贈与の対象となった。あわせて、こうした被葬者の選択が、田中が基本モデルⅡとして示したような形で父系直系を軸として行われ、副葬品を入手する機会を持つ個人が独立した古墳を築かずに同所埋葬される形へと追葬の意味が変容したものと考えられるのである。逆にいえば、父系直系の世代間継承において、家長として独立する場合にのみ新たな古墳が築かれるようになったということもできる。

またこの両古墳では、同型鏡群とよばれる中国鏡が副葬されている点も共通している。これらは、倭の五王の遣使に伴い列島にもたらされた後、上述のような人制などを介して各地の有力者に贈与されたものと考えられる一群である（川西 2000、辻田 2018）。川西はこれらの人制関連資料にもとづき、前述の「参向型」の授受を提起している。筆者もまた川西の見解を支持しつつ、前述の前期～中期前半以前の参向型授受（参向型1類）と区別する意味で、中期後半以降のあり方を参向型2類と呼称している（辻田編 2015・2018）。なお5世紀後半の事例においては、副葬の年代に確実に世代差とよべるほどの時期差がない事例も多く、この点ではキョウダイ原理を基礎としている可能性がある。他方で、後述する山の神古墳の事例のように、6世紀前半に追葬された被葬者は明らかに世代差を伴っており、5世紀後半から6世紀前半にかけて、こうした

世代差を含み込む形で一部の被葬者が個人として威信財の贈与を受け、独立した古墳を築かずに追葬されるあり方へと転換したものと考えられる。銘文刀剣資料の存在から、こうしたあり方が人制などを背景とする可能性は高く、また父系化の進展とも深く関連したものと想定される。この時期の古墳の築造契機となるような被葬者や、ここでみた人制関連の被葬者は、副葬品の構成から男性と想定される場合が多いことからも、中期後半に至るまでに父系イデオロギーが採用されたとする理解（田中 1995）は妥当と考える。こうした点において、中期後半は、威信財授受の方式が変化する画期であり、親族関係において示された画期と連動しながら展開したものと考えられるのである。

(3) 中期後半〜後期の被葬者像と地域社会

　以上の議論をふまえ、ここでは中期後半から後期にかけての地域社会における上位層・代表者の選定のあり方について、威信財授受の観点から検討したい。具体的に扱うのは、筆者がフィールドとして調査・研究を行っている北部九州・遠賀川上流域の嘉穂地域である。本地域では、遠賀川上流で遠賀川本流と穂波川に分岐しているが、後者の穂波川流域では5世紀後葉に全長約80mの山の神古墳、6世紀前葉に全長約86mの王塚古墳、6世紀中葉〜後葉に全長約68mの天神山古墳という3基の前方後円墳が築造されている。なお、6世紀代の前方後円墳として、ホーケントウ古墳（全長約50mの前方後円墳）の築造も知られている。天神山古墳については主体部が未調査であり、副葬品の内容が不明であるが、山の神古墳と王塚古墳ではおおむね築造時期と副葬品の内容が判明していることか

ら、5世紀後葉から6世紀中葉前後にかけての地域社会の実態を考える具体例として考えてみたい。

山の神古墳では、初期横穴式石室内部から鏡・装身具類・鉄製武器類・武具類・馬具類・農工具類などの副葬品が出土しているが、確実に時期が異なるものとして、鉄製武器類と馬具類がみられた。初葬の被葬者には、鉄製刀剣類・鏃類と金銅製馬具類Aセットが伴い、追葬の被葬者には捩り環頭大刀と金銅装馬具類Bセットが伴うと考えられ、前者がTK47型式、後者がTK10型式に属するとみられる（図6。辻田編 2015、桃崎 2015）。追葬の被葬者に帰属する副葬品において、確実に世代差とみられるほどの時期差が認められる点が注目される。いわば、初葬の被葬者が古墳築造の契機となった人物であるのに対し、追葬の被葬者は、金銅装の馬具などを保有するような有力者でありながら、独立した古墳を築かなかった人物であると考えることができる。またここからは前述の同型鏡群の一種である画文帯環状乳神獣鏡Aも出土しており、先の稲荷山古墳や江田船山古墳と同様に、王権中枢とのつながりをもちながら、朝鮮半島との対外交渉に関わった被葬者像が想定される。

王塚古墳は、山の神古墳の約5km南に築造されており、装飾古墳として著名である。ここからは、大きく3セットの馬具類が出土しており、それぞれMT15〜TK10、TK10、MT85型式の年代が想定されている（松浦 2005、桃崎 2015）。埋葬施設は、全面に彩色壁画が描かれた横穴式石室の奥壁に沿って石屋形が設置され、造り付けの屍床に2基の枕が彫り込まれていること、また玄門側の左右の空間にはそれぞれ1基ずつ独立した石枕が配置されることから、少なくとも4体の埋葬が想定される（図7）。ここで注目されるの

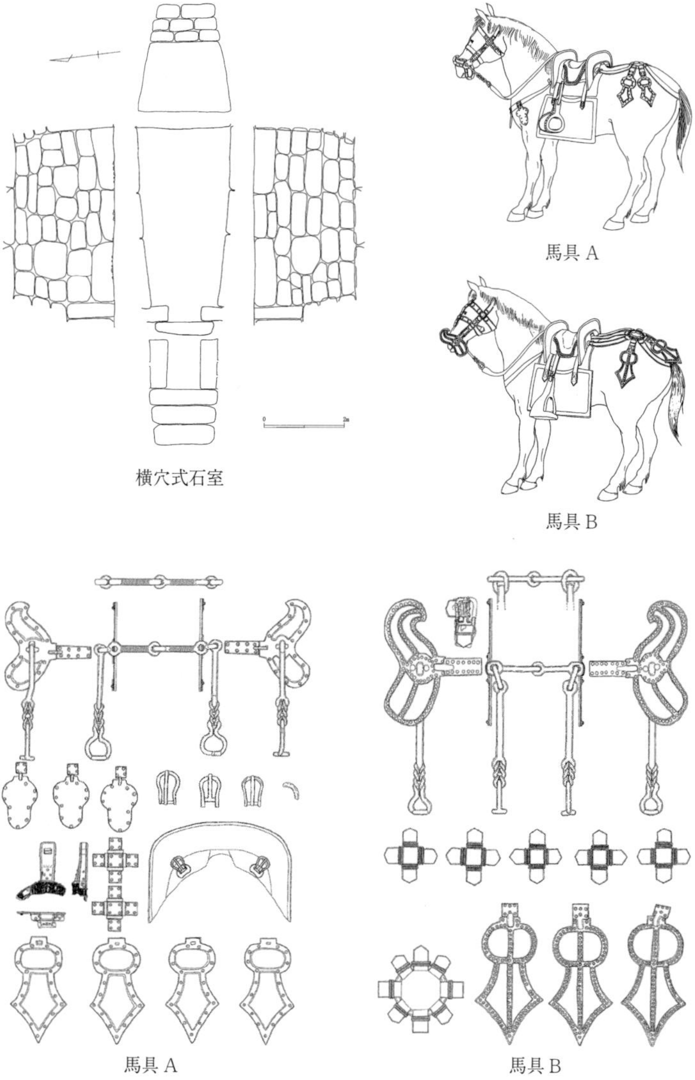

横穴式石室

馬具 A

馬具 B

馬具 A

馬具 B

図 6　福岡県山の神古墳・横穴式石室と馬具 A・B セット（桃崎 2015）

24

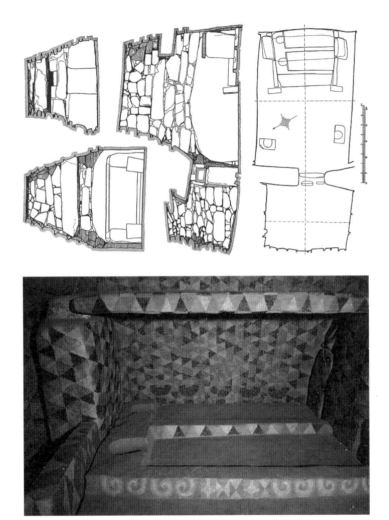

図7 福岡県王塚古墳・横穴式石室と石屋形・屍床（写真はレプリカ）

が、造り付け屍床とそこに彫り込まれた 2 基の石枕である。これら
は、石屋形を設置する時点で、少なくとも 2 人の被葬者の埋葬が
「予定」されていたことを示している。筆者はこれらの石枕につい
ては、前述の中期前半にみられた「連接石棺」と同様に、被葬者同
士の「つながり」を強調したものと捉え、キョウダイ原理にもとづ
く 2 人の埋葬が予定されていた可能性を想定する。馬具の各セット
が具体的にどの被葬者に帰属するのかを確定することは難しいが、
たとえば手前の 2 基の石枕とともに埋葬されたのが、新たな馬具の
セットを個人として入手した被葬者たちで、独立した古墳を築かな
かった子どもたちである可能性なども想定される。あくまで仮説で
あるが、こうした理解が可能であるとすれば、地域集団の上位層
は、キョウダイ原理を基礎とした集団の代表者たち（複数）と、独
立した古墳を築かなかった子どもたちにより構成されるものと考え
ることができる。

　以上の点をふまえて前述の山の神古墳と王塚古墳の被葬者たちの
関係について考えるならば、山の神古墳の追葬の被葬者（TK10 型
式期前後に埋葬）は、王塚古墳の初葬の被葬者たちと同世代もしく
は少なくとも同時代に生きた人物であることになる（辻田
編 2015）。同様に、王塚古墳の追葬の被葬者たちは、この地域で最
後に築造された前方後円墳とみられる天神山古墳の初葬の被葬者
（たち）と同時代を生きたものと想定される。なお、本地域は、『日
本書紀』において、磐井の乱（527–528 頃）の後、535 年に「穂波
屯倉」が設置されたことが記録される地域であり、王塚古墳や天神
山古墳の被葬者たちは、その設置に立ち会い、もしくはその直接の
管掌を行った地域集団の代表者の可能性が高いと考えられる（辻田

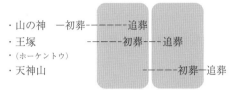

図8 遠賀川上流域（嘉穂地域）における前方後円墳の被葬者と地域社会
（トーンが同時代に生きた被葬者たち）

編 2015・2023）。この時期の地域社会は、独立した古墳を築造して
そこに埋葬された、新しい世代の代表者たちと、親の世代の古墳に
追葬される「古墳を築かなかった子どもたち」とが、それぞれに近
畿地域の政治権力と個人的なつながりを持ち、各種器物を入手しな
がら共同統治するようなあり方が想定される（図8）。独立した古
墳を築くか、前世代の上位層の墓に追葬されるかという点は、その
都度選択されるものであり、近畿周辺でも大阪府桜塚古墳群などで
後者の事例が想定されている（清家 2018）。広い意味では基本モデ
ルⅡに該当するような被葬者構成（第一世代にキョウダイ原理が含
まれる場合も想定される）が、後期の上位層や地域社会の基礎とし
て存在したものと考えられる。この場合に、先にも述べたように古
墳の築造契機となるような被葬者は男性が主体であることから、父
系化が一定程度進展しているとみてよいものと考える。他方で、後
期の被葬者構成の中に田中が基本モデルⅢと設定したようなあり方
がどの程度含まれるのかについては今後も検証が必要である。清家
（2010・2018）が指摘しているように、6・7世紀の王族層において
夫婦同墓埋葬がイレギュラーであるという点は、こうした問題を考

える上で重要な論点となろう。

3. 結語：古墳時代の威信財授受・親族関係と古代国家形成

　以上、古墳時代前期から後期前半の事例を中心として、古墳被葬者と威信財授受について、時期的な変遷をみてきた。本章での検討の結果として注目したいのは、以下の3点である：①前期から後期前半まで、各時期において「予定された」被葬者たちの選定が認められる、②中期後半／5世紀後半以降に、親族関係の父系化とも連動するように、被葬者個人への威信財授受が顕著となる、③中期後半から後期以降の地域社会においては、地域の代表者（たち）および「古墳を築かなかった子どもたち」が上位層を形成し、地域の共同統治を行うといったあり方が想定される。

　特に中期後半以降においては、地域の上位層において古墳被葬者の選定が行われた上で、人制などを背景としながら「個人」への威信財授受が行われたことをみてきた。そして6世紀以降においては、父系に編成された政治的集団としてのウヂが形成され、父系の継承原理による親族集団の編成・生産集団の地域的編成として伴造制・部民制が展開する（菱田 2007）。このような意味で、5世紀後半以降に「人制」を背景としながら、かつ父系イデオロギーの採用を伴いつつ、地域の上位層の「個人」への威信財授受が行われるようになることは、追葬の意味の変容という点においても重要である。他方で、ウヂ名の成立や父系的な政治集団の編成としてのウヂの形成、また伴造制や部民制などが展開するのが6世紀以降と考えられることからすれば、父系イデオロギーの採用とは一定のタイム

ラグがあるという見方もできる。これについては、親族関係における変化が各地域における社会的・政治的関係の底流をなす形で起こりながら、それが磐井の乱などを他律的な契機として、ミヤケ制や国造制などを媒介とする形で具体的に表出するようになったものとも考えられる。この意味において、5世紀後半の父系化が、特に6世紀中葉以降における国家形成の進展の前提となったものと考えられるのである（田中 1995；岩永 2003）。

　また威信財授受の観点からは、前期～中期にかけての「参向型1類」から中期後半以降「参向型2類」へと転換することが想定され、親族関係の父系化や地域集団における代表者（たち）の選定と世代交代のあり方の転換とも連動する可能性が高いことを確認した。6世紀代以降の中央と地方との関係は、いわゆる「王権」と「地域集団」との政治的な関係、また中央有力氏族と地方有力者との間での擬制的な結合の双方が併存していたのが実態とみられる。6世紀中葉以降のミヤケ制・国造制・部民制の展開期以降については本章の範囲を超えるが、予察として述べるならば、従来から想定されてきた「下向型」のようなあり方が古墳時代に認められるとすれば、6世紀中葉以降の装飾付大刀や馬具類などの授受の一部が、ミヤケ制や部民制などを媒介としながら、そのような形で行われた可能性も想定される。この点であらためて問題となるのは、後期後半以降の群集墳および横穴墓の造営拡大、そしてその造営終了から古代への転換という点である。

　本章は、人骨が残っていない古墳の事例を考える上でも、被葬者の親族関係に関する議論が有効であることを示したものであり、その重要性を再度強調して擱筆したい。なお本章は、辻田（2022）の

内容の一部をもとに書き改めたものである。扱うことができなかった論点も多く、また文献の引用等も必要最小限にとどめていることから、詳細については、上記文献および辻田（2019）などをご参照いただければ幸いである。

（辻田淳一郎）

第2章　儀礼と親族関係

　親族関係とは個人を集団に結びつける社会のルールの1つであり、この関係を通じて個人のアイデンティティが決まり、社会によっては蓄積した財・地位の継承が行われる。また親族関係により結びつけられた人々の集まりを親族集団と呼称しこれらのルールを含む総体を親族構造と呼称する。たとえば、特定の人物が、集団内でのアイデンティティを確立する際、父親とのつながりをたどり父親の親族集団に属するようなルールが原則である場合、父系の親族関係であり親族集団としては「父系」の親族集団である。母親とのつながりをたどる場合は「母系」どちらでも選択可能な場合は「双系」の親族関係、親族集団である。ただし、必ずしも生物学的な血縁関係を媒介としない関係や例外も含まれることには注意が必要である。これら親族構造は社会を観察する上で重要な手掛かりとなることから、人類の社会を研究対象とする社会人類学・文化人類学・民族学・考古学などの諸分野において社会を観察する際の重要な項目の1つとして扱われる場合が多い。

　古墳時代の親族構造の研究に関しては、田中良之の研究（1995）以降、人骨の出土状況および人骨そのものの情報を用いた検討が行われるようになっており、地域差の可能性も指摘されているが、後期以降の父系化と基層の親族関係としての双系制の残存は諸研究の

共通した見解である。この親族関係の父系化と軌を一にして遺跡より出土する人骨から復元可能なさまざまな儀礼に関しても変化がみられることが指摘されている（田中 1995 など）。また、近年海外における潮流と歩みを同じくして、親族関係復元を目的とした遺伝情報の解析が行われるようになっている。

　本章では、父系化の進展度合いが議論される 5 世紀以降の事例を中心に、主に古人骨の情報を用いた研究を対象として、現段階での古墳時代親族関係および葬送に関する諸儀礼研究の到達点を示すとともに、今後期待される研究の方向性について紹介する。

1. 古人骨を用いた古墳時代親族構造の研究

(1) 2000 年代まで

　田中以前にも、古墳時代の親族関係に関しては、自然人類学者により報告された被葬者の年齢・性別などの情報をもとに、前期古墳男系世襲制、後期古墳夫婦合葬（小林 1959 など）や、「父系同族」の存在を指摘する論が主流であった（辻村 1983）。他方、出土人骨の報告を担当した自然人類学者の試行錯誤により、血液型にもとづく親族関係の推定も行われていたが、血縁関係の推定の決定打とはならなかった。また、親族集団に関しては、古代の戸籍の研究成果と横穴墓出土人骨の年齢・性別構成から、墓の造営集団を復元しようとする試みも行われていた（佐田 1979 など）。

　1980 年代以降になると、土肥直美ら（土肥ほか 1986 など）あるいは田中ら（田中ほか 1985）の研究を端緒として、考古学的方法と自然人類学的方法を融合させる形で研究が行われるようになる。

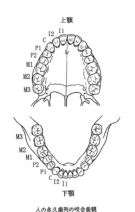

人の永久歯列の咬合面観

I1：中切歯、I2：側切歯、C：犬歯、P1：第一小臼歯
P2：第二小臼歯、M1：第一大臼歯、M2：第二大臼歯
M3：第 3 大臼歯（いわゆる親知らず）

矢印が歯冠計測における計測幅

（左：下顎右側切歯、右：上顎右第一大臼歯（ともに咬合面観）
藤田恒太郎 1949「歯の計測基準について」より引用加筆）

？どこを測るのか？
　　頬舌径（頬側と舌側の幅が最大になる点）
　　近遠心径（近心側と遠心側の幅が最大になる点）

？どの歯をはかるのか？
　　永久歯列は上下ともに 8 種類の歯から形成され
　　ている。歯冠計測にはこのうちの第三大臼歯を
　　除いた 7 種類の歯が用いられる。

◎人の歯は一度できてしまうと形は変わらない。永
久歯が形成されていれば子どもでも計測可能である。

図 1　歯冠計測補足説明図

　余談になるが、これは当時の九州大学医学部解剖学第二講座におい
て、遺跡出土人骨を学融合的な視点で研究することを目的とし、解
剖学のみならず、生物学、考古学など多彩な人材が助手として集め
られ研究の進展が図られた成果であるといえる。
　果たして、その試みの結実として、古墳時代親族構造の研究にお
いて、歯の形態情報を用いた血縁関係推定方法を採用することで、
それまでの考古学的な情報および古人骨の死亡年齢・性別にもとづ
く親族関係に関する仮説提示の段階から研究が進展する（図 1）。
この歯冠計測値を血縁関係の推定の指標に用いるという手法そのも
のは、国内においては土肥ら以前にも自然人類学者の埴原らが使用
しており、国外においても 2000 年代以降もトルコのチャタルヒュー
ク遺跡などで使用されている方法である。土肥らの歯の形態にもと

づく血縁者の推定方法は、血縁関係にある現代人（研究グループの家族などおよそ100人分）の歯型を収集して、血縁関係の推定が可能な歯種の組み合わせを抽出した点と、それを遺跡出土人骨に応用可能であることを示した画期的な研究として注目された。

　ただし、土肥や田中らの研究は、この古人骨の歯冠計測値を用いた血縁者の推定という仮説の検証を行ったのみならず、発掘調査時からの調査担当者による葬送行為にかかわる土層の緻密な観察・図面の作成、および考古学と人類学双方の手法・知識を取り入れた人骨の出土状況の精査、などの遺跡形成過程の詳細な復元にもとづき、生前の世代構成の復元つまり親族関係に関する仮説をさらに洗練させたことが大きくその成果に寄与している（図2）。その結果、古墳時代の同一墓あるいは同一墳丘に埋葬されている被葬者間の関係の推定が可能になり、どのような人々が選択され、同一の墓に埋葬されているか、すなわちどのような人間の単位が生前の社会において重要であったかを明らかにすることができるようになっている。

　その後の田中の大分県上ノ原横穴墓をはじめとする一連の個別事例研究の蓄積により、親族構造に関するモデル化が行われる（1995）。このモデルを見ると、同一の墓に入る被葬者が、モデルI：キョウダイ（兄弟・姉妹）ないしはその子ども、から、モデルII：家長と家長位を継承しなかった子ども達、になり、最終的にはこれに家長の妻が加わるモデルIIIが成立するとされている（図3）。これらはあくまでも理想形であり、現実の事例としてはさまざまな変異を含む。たとえば、モデルIの変異としては同一世代のキョウダイのみでなく、親子二世代あるいは親子孫三世代という変異も含

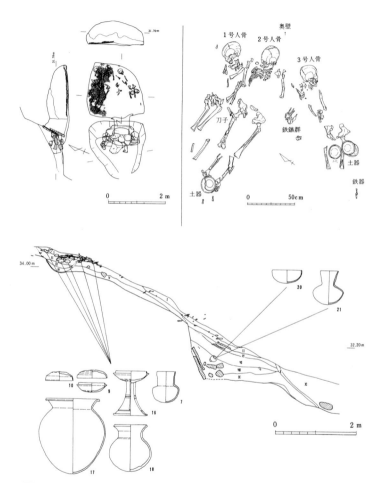

図 2　上ノ原 31 号墓人骨出土図と墓道の土層断面（田中　1995 より引用）

人骨の出土状況から、2 号の埋葬時に 1 号が壁側に片付けられており、その際 1 号は
大腿骨の間隔が狭くなるなど軟部組織がある程度腐朽していたことがわかる。また、3
号埋葬時には 2 号の遺体は片付けられていない。土層図から見ても初葬時の埋土の上
面は風化が進んでおり、1 号と 2 号の埋葬の時間は一定度時間が空いていたことがわ
かる。

36

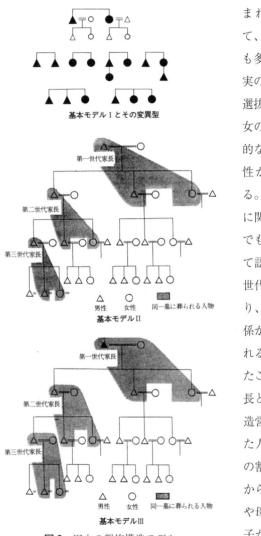

基本モデル I とその変異型

第一世代家長

第二世代家長

第三世代家長

△　　　○　　　■ 同一墓に葬られる人物
男性　　女性

基本モデル II

第一世代家長

第二世代家長

第三世代家長

△　　　○　　　■ 同一墓に葬られる人物
男性　　女性

基本モデル III

図3　田中の親族構造モデル
（田中 1995 より引用）

まれている。加え
て、男女のペアが最
も多いことから、現
実のキョウダイから
選抜される際この男
女のペアが最も理想
的な形であった可能
性が指摘されてい
る。また、モデル II
に関してはモデル I
でも変異の1つとし
て認められていた二
世代構成が主流とな
り、世代を超えた関
係が相対的に重視さ
れるようになる。ま
たこの段階から、家
長と推定される墓を
造営する契機となっ
た人物が男女同程度
の割合であった状態
から男性に偏ること
や母と子よりも父と
子が同一の墓に埋葬
される事例が増えて

くることも指摘されている。さらに興味深いことに、経産婦である女性個体がキョウダイやその親と埋葬されていることから、男性・女性ともに、モデルⅢ段階の家長以外は配偶者は同一の墓には入っていないことも指摘されている。

　さらに、これらのモデルⅠからⅢの時間的変化の様相にもとづき、古墳時代においては①5世紀に上位層において父系化が始まること、②農民層でも家長層においては5世紀後半から父系直系化が始まること、③一方で非家長層においては双系的性格が残されること、④この二重構造が奈良時代まで残存する、という学説が提示されている（田中 1995）。ただし、この親族関係父系化の進行については地域差の存在する可能性も指摘されている。この父系化そのものは倭の五王による中国南朝への朝貢にもとづく学習の成果であり、上位層からの親族関係の変化の可能性をあげ、支配層においては父系化がより早かったと指摘されている。

　一方で、親族集団に関しては、列島古墳時代5世紀後半以降の父系化とともに、1つの横穴墓に埋葬される単位が、キョウダイから徐々に「家族集団」が単位となって埋葬されており、「家父長制家族」に類似した家族形態がその背後にあったことを指摘している。ただし、古墳時代最終末には被葬者の選択度が低く、より多くの成員が埋葬されるようになり、岐阜県花岡山古墳群や福岡県竹並遺跡でみられるような古代の籍帳に近い形の被葬者像になっていることを指摘している。このような家長・首長層の父系化傾向は、この段階で、田中の立論の主な対象地域となった北部九州・中国地方のみでなく、7世紀代の関東地方でも父系化の兆しを指摘されているが、これに関しては後述のとおり、個別事例のため地域社会全体の

評価としては保留とするべきである。

(2) 2000 年代以降

　2000 年代以降、田中による親族モデルが認知されることにより、モデルの各地域・時期・階層への適否やモデルそのものの妥当性が検討されるようになる。学説の重要性から、考古学のみでなく古代史研究においても議論の俎上にあげられている。中には、田中モデルの「父系化」という点のみを切り取って現象との相違を指摘した誤った批判もみられる。ただし、結論からいうと、田中が示した古墳時代全体としての父系化の流れと非首長・非家長層の親族集団における双系の残存を否定するような研究成果はみられない。一方で、非首長層における父系化の進展度や田中モデルⅢの普遍性が議論の俎上にあがっている。また、親族関係の復元を目的としたDNA 分析も行われるようになっている。これらの研究・報告を列島の東側から概観してみよう。

　南東北・関東地方に関しては、梶ケ山真理が、初葬者の性別や特定の四肢骨形態およびそれに母系で遺伝する mtDNA の分析の結果を組み合わせることで、①双系、②夫婦埋葬、③同一埋葬施設内での血縁関係などの諸事例を報告している（梶ケ山 2019 など）。ただし、現段階の研究水準で四肢骨の特定部位の形態的類似性による血縁関係の推定は困難である。加えて、例数の少ない個別事例検討のため、田中が関東の父系化の根拠とした梶ケ山らによる出山横穴 8 号墓もあわせると、これらの事例が父系の親族関係におけるイレギュラーな事例に遭遇しているのか、双系社会の実態を反映しているのか判断ができない。当該地域は国内で最も古墳人骨の DNA

の分析事例が蓄積している地域であり、母系で遺伝する mtDNA
の分析を中心に研究が行われている。梶ケ山も一部その結果に摺り
寄せる形で親族関係への言及を行っている。ただし、現段階では集
団系統論を目的とした DNA 分析の副産物、すなわち過去のある段
階で血縁関係があった可能性を報告の際親族関係の推定に利用して
いるにとどまっており、考古学の側からの出土人骨の人類学・考古
学的検討にもとづく世代の復元など親族構造の研究が体系的に行わ
れている状況にはない。今後の研究の体系化に期待したい。一方で
親族関係論とはやや視点が異なるが、足立佳代がジェンダー的な観
点から関東一円の横穴墓被葬者の報告事例を集成し、被葬者に選択
されている人物の性別に大きな偏りがないことから、後期以降律令
期における社会で、女性も一定の地位を有していた可能性を指摘し
ている。

　東海地方に関しては、大谷宏治により、宇藤・天王ケ谷横穴墓群
を中心とした複数個体埋葬墓における被葬者の性・年齢に関する報
告データの集成が行われている。その結果、男性・女性、男性同
士、女性同士、あるいは成人と未成人などさまざまな組み合わせに
よる埋葬がみられることや、宇藤 7 号横穴墓、森町観音堂遺跡など
で男性と未成人の組み合わせが認められることから、当該地域の非
首長層においては 7 世紀に父系化しつつも、双系的な系譜関係で
あったとされている（大谷 2008 など）。ただし、積極的に父系化
を支持する事例は上述の事例以外に見られないことから、東海地方
の後期の父系化に関しては、今後の検討事例の増加を待ちたい。

　近畿・中国地方は清家章により、九州と同様に悉皆的に事例の検
討が行われており、被葬者の性・年齢構成、人骨・副葬品を用いた

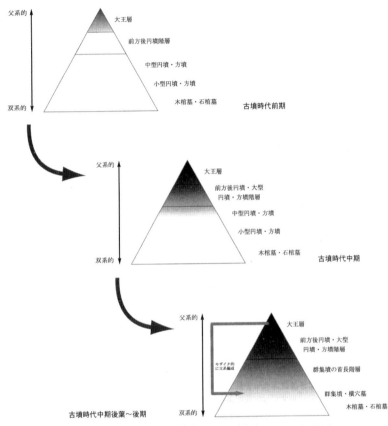

図4 清家による親族関係変容モデル（清家 2010 より引用）

初葬者の性別の復元、被葬者の性別・年齢・追葬間隔・歯冠計測値を用いた血縁関係の推定が行われている（図4、清家 2010 など）。田中のモデル化を行った研究と清家の研究の共通点としては、その方法において、性別・年齢、妊娠出産痕、歯冠計測といった古人骨

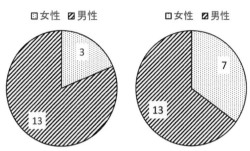

左：清家の2010年の
データを図化したも
の。右：データから
単体改葬の女性3例
と性別のあいまいな
1例（南山1号墳）
を除いた性別比

図5　近畿地方の非首長層における家長の性比（舟橋 2022 より引用）

の観察・データ収集を可能な限り考古学者自身が行い親族関係に関
する検討を行っているという点があげられる。相違点としては、清
家が対象とした地域の特性上、首長・大王クラスの墓が多く検討対
象になっているため、人骨の出土していない墳墓・埋葬施設に関し
ても副葬品から被葬者の性別を推測し親族関係の復元に結びつけて
いる点であろう。ただし、方法・対象地域に違いはあるものの、そ
の結論に関しては、非首長層での父系の進展度合いの評価あるいは
双系制の存続に関する表現が相違するが、父系化が進展しつつも基
層としては双系制が残存するという親族関係全体としての評価は大
きくは異ならない。

　清家は、この地域における地位継承の父系化は、大王層に関して
は文献史にもとづいて前期から、首長層に関しては中期から進んで
おり、下位の地域首長・非首長層に関しては、人骨を用いた初葬者
の性構成の分析結果に大きな偏りがないことから、父系化は進むも
のの後期になっても女性家長が残ると指摘されている。ただし、こ
の中で、人骨の保存状態が不良で性別の判定があいまいな報告事例
や特殊性が排除できない単体改葬例（乳児合葬1例含む）を除く

と、やはり男性に大きく偏る（図 5）。なお、田中が農民層の家長の父系化の進行の根拠とした上ノ原遺跡の単体埋葬者や初葬者が男性に限定されるという点に関しても、その後の 2004 年の発掘調査では女性が初葬の可能性がある事例が見つかっており、どのような現象においても例外的な事例があるという点は指摘しておきたい。したがって、清家がこの下位地域首長・非首長層における女性家長の存在が、例外的なものであるのか否か、各位相の全体における女性家長の割合や各事例の詳細な検討が必要であろう。

　また本地域では、親族構造の復元を目的としたゲノム解析が行われている。人骨の出土状況と親等復元等の成果を総合し、親族関係の復元も行われている（清家 2013・2021、安達ほか 2021）。清家は、田中モデルⅢに関して、検証済みの類例が少ない点と文献との対比から、例外的な様相（政治的特殊状況・渡来系集団）であると指摘している。このモデルⅢの夫婦埋葬の検証も含め今後のゲノム解析にもとづく親族関係研究の進展が期待される。

　四国地方に関してもそれほど事例数は多くないが、著者らが 5 世紀代に比定される徳島県下古墳時代石棺墓出土人骨を用いて親族関係の復元を行っている（舟橋ほか 2022）。検討の結果、世代復元モデルで父系化と双系の両方の仮説が立てられる。これに加え、単体埋葬事例 4 例中 3 例が男性である一方で、鶴島山遺跡での複数埋葬例は 2 例とも女性が初葬である。したがって、これらの現象だけみると双系の可能性が考えられる。ただし、副葬品に着目すると、単体埋葬の 4 例中 3 例（男性 2・女性 1）はそれぞれ武器武具類を豊富に有しており地域の盟主的な様相を示す。残りの武器・武具類を持たない単体埋葬例の鶴島山遺跡 2 号石棺は、同遺跡内では最も豊

富に副葬品（鉄製手斧・ヤリガンナ）を持つ石棺であり、この古墳群を造営した集団の中では相対的に有力者であると推定することは可能であろう。これらの副葬品保有形態の検討を含みこむと、地方首長や非首長層でも相対的に有力な集団の家長層では父系の進展傾向がみられるが、それ以外の家長層に関しては双系が残るという、非首長層における父系化の位相差が予測しうる事例になりうるかもしれない。ただし、現段階で体系的な検討ができている地域とはいえないため、今後の研究の進展を図りたい。

　九州地方に関しては、田中がモデル化を行って以降も親族構造に関する事例検討が精力的に進められている。北部九州に関しては、福岡県卯内尺古墳や名木野古墳などで著者自身が検討を行っているが田中モデルとの相違を示すような事例は得られていない。一方で、大分県山間部および南九州で田中のモデルとズレが認められる。以下その様相についてみてみよう。

　大分県山間部では6世紀代になっても長湯横穴墓の兄弟ないしは父子の同一横穴埋葬事例から、キョウダイ原理にもとづく埋葬が行われており親族関係に関しては双系の古い親族形態が残る事例とされている（石川ほか 2004）。ただし、本横穴墓で最も副葬品豊富な7号墓は後出の過度な断体儀礼により親族関係の復元ができていない。加えて本横穴墓全体でみると男性の被葬者の割合が極端に高い（図6）。したがって、横穴墓への被葬者の選択にジェンダーが寄与していた可能性もあるが、父系化に伴う男性の優位性が顕現していた可能性も考えられる。田中が指摘したような山間部での父系化の遅れの可能性もあるとはいえ、全く父系化の影響が及ばないわけではないのかもしれない。

44

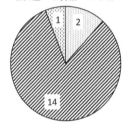

□女性 ▨男性 ▣不明

図6 長湯横穴墓群7号横穴出土副葬品と墓群
全体の性比

（左はウェブサイト『おおいた文化財図鑑』より、右
は舟橋 2022 より引用）

　南九州に関しては、立切遺跡および旭台遺跡の出土人骨にもとづ
く世代復元および初葬者の性別の検討から、宮崎県内陸部でも6世
紀まで双系継承にもとづくキョウダイ原理で複数世代を埋葬する田
中モデルⅠの派生型であったとされている（田中ほか 2012）。この
南九州の分析対象となった2遺跡のうち、歯冠計測ができておらず
未検証仮設の立切遺跡に関しては、全体として旭台遺跡と同様な復
元モデルであること、初葬者の性別が男性6基、女性3基で男女と
もにみられることから、キョウダイ原理の残存する双系社会であっ

たと結論づけられている。ただし、比較的丁寧な墓の作りで墓室の大きい地下式横穴墓に未検証仮説として夫婦とその子あるいは父と子の可能性が示される事例もみられる。この他にも、6世紀前半の菓子野地下式横穴墓において3基の横穴墓で親族関係の復元が行われており、これらに関しては、双系ないしは父系の可能性が指摘されている。これらの結果を総合すると、全体としては父系化が遅れたと考える田中らの説が支持されるものの、今後も検討を進めていく必要がある。

(3) 研究の到達点と問題点

　以上の2000年代以降の各地の事例および地域的な研究は田中の先行研究で示されたモデルの、首長・家長層の父系化の進展と双系の残存が一部地域の様相ではなく大和政権の支配域の少なくとも西日本全体でみられる動きであることを表すものであろう。近畿・中国地方においては、地域社会全体をみた場合、家長層でも父系化の兆しはみえつつも貫徹されていない可能性も指摘される（清家 2010)。その他の地域に関しては、著者がかかわった事例研究も含め、東海・南九州ともに双系の存在は確認されており、それに加えて父系化の兆しや一部可能性が指摘されているものの、非首長層における家長層の父系化の進行の程度は明らかになってはいない。先述の通り、田中は西日本の事例を用いて、有力農民層でも家長層においては5世紀後半から父系直系化が始まること、一方で非家長層においては双系的性格が残されること、を指摘している。したがって、父系化の萌芽以降に関しては、単独の遺跡あるいは限定された主体部ないしは墓の検討のみでは、父系・双系どちらの現象も

抽出される可能性があることは注意しておくべきである。個別事例の報告・検討からでは、それが規範そのものを表す現象であるのかあるいは例外的な規範の揺らぎを示す事例なのか判断が困難であり、親族関係の変化の全体像を把握するには、少なくとも地域社会全体での総合的な検討結果が待たれる。改葬や断体儀礼などの出土状況の特殊性から世代復元が行えない事例や歯牙そのものの残存状況から形態にもとづく親族関係の推定が行えない事例も多くある。各地域の検討事例の増加とともに形態により親族関係推定ができないこのような資料群の DNA による血縁関係の推定が待たれる。

2. 親族関係と関連する諸儀礼

　社会の変容に伴い、諸儀礼も変容することは指摘されている（田中 1995 など）。本章では、人骨の情報からみられる諸儀礼行為のうち、肉体的死後に行われた儀礼を死との時間的関係が近い儀礼から、服喪抜歯、断体儀礼、改葬の順にみていく。

(1) 服喪抜歯（図7）
　世界各地には新石器時代以降、人生の節目に健康な歯を意図的に抜く抜歯風習が認められ、日本列島においても縄文時代から確認されている。どのような節目で抜歯を行うかは地域・時期により異なる。たとえば、日本の縄文時代でみられる抜歯風習は後期中葉頃を境として、社会成員の一員として認められるための成人儀礼の一環として行われる抜歯が主流であり、この前後の時期には別の儀礼での抜歯の使用が想定される（舟橋 2010）。

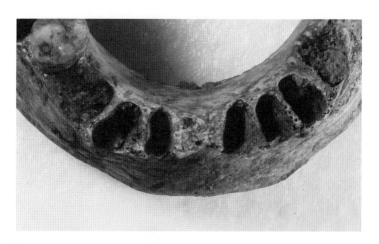

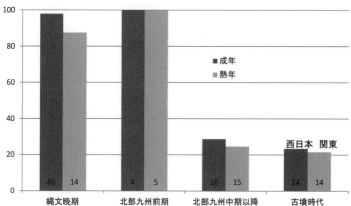

図7　関東古墳時代人に見られる抜歯風習と抜歯施行率の時間変遷

（上は神奈川県一の谷 3 号墳出土人骨下顎右中切歯を抜歯。下は縄文晩期以降の抜歯施行率。ともに舟橋 2019 より引用）

　列島古墳時代における風習的抜歯に関しては、古くから、実際に
被葬者が抜歯した事例や、棺内から被葬者とは別個体の歯牙が出土
する事例が報告され、服喪抜歯の可能性が指摘されてきた（大山
1973、宮川 1974 など）。抜歯をする個体の割合の低さから、特異な
事例として扱われ研究が進んでいなかったが、人骨の悉皆的観察に
もとづき、当該期の抜歯風習の様相が関東地方および西日本で明ら
かになっている（土肥・田中 1988、竹中 2020、舟橋 2019 など）。
土肥・田中によると、西日本における抜歯風習の人骨そのものから
得られる情報としては、抜歯が少数の人物に対して、上下顎の切歯
や小臼歯などの歯根が比較的短く抜きやすい歯を対象として、20
歳以降の段階で行われた可能性が高いことを明らかにしている。加
えて、考古学的な情報として、抜歯個体が①単体埋葬や複数埋葬の
初葬者である、②副葬品が乏しい古墳に埋葬されている、という特
徴があげられる。また、抜歯そのものの時間的な変化として、女性
に関しては南九州を除いては 5 世紀代まででみられなくなること、
6 世紀以降抜歯風習が衰退するという傾向が指摘されている。土
肥・田中らは、この抜歯の分析結果と先の社会の父系化を対比し、
古墳時代の抜歯風習が、副葬品などの儀礼アイテムをあまり持たな
い低階層の家長の地位継承のための服喪抜歯であり、衰退のタイミ
ング・性別の偏りから、家長権継承システムの父系が安定化したこ
とに伴い、歯を抜くという即物的儀礼が不要になったと結論づけて
いる。竹中も南九州出土人骨における抜歯風習の存在を明らかにし
し、土肥・田中の説を支持している。南九州では北部九州と比して
遅くまで抜歯風習が残ることが指摘されているが、南九州の親族関
係に関する研究成果とあわせると、父系化が遅れる地域すなわち家

長になることができる人物の選択肢が狭まっていない地域では、家長権を継承することを正当化するアイテムとしていまだ必要であった可能性がうかがえる。

　一方で著者は、関東地方の出土人骨にみられる抜歯風習の検討の結果、西日本抜歯風習との共通性から、当該地域においても服喪抜歯が行われており、少なくとも7世紀まで抜歯風習が残存していたことを明らかにしている。また、その背景として、大和政権下で行われていた葬送儀礼のセット情報の中から、「家長権継承儀礼で抜歯儀礼を行わない」という情報が欠落した形で東日本に伝播していた可能性と、家長権継承システムが安定しておらず呪的行為が未だ必要な段階であった可能性を指摘している。論文執筆時には出山横穴の父系化の事例を重視して関東でも父系化が進展しているととらえて前者のような可能性をあげていた。しかし、北部九州・南九州の親族関係と抜歯儀礼の関係から予測すると、関東地方でも家長権継承システムが安定性と抜歯が残存することを関連づけたいが、どうであろうか？　今後の関東地方における親族構造研究の進展を期待したい。

(2) 断体儀礼 （図8）

　死者が生者の社会に影響を及ぼすという考え方は、世界各地で観察され、死者が生前に社会的に力を有しているとその影響力への畏怖は大きくなる。断体儀礼とは、そのような考え方にもとづき遺体を部分的に毀損することで死者の黄泉がえりを阻止しようとする試みである。日本列島でも縄文時代以降この習俗が確認されており、福岡県山鹿貝塚の何らかの社会的地位にあったと考えられる豊富な

50

副葬品を有する女性個体の例が有名である。

　古墳時代出土人骨に関して、初めてこの断体儀礼の可能性を指摘し、儀礼と社会変化を結びつけたのは田中と村上久和である。田中と村上は、5世紀後半の大分県上ノ原横穴墓や、幣旗邸1号墳の下肢骨移動事例を紹介し、埋葬後少なくとも数年して軟部組織がある程度腐朽した後、遺体を離断して動かす行為であるとして、黄泉戸喫に伴う死霊の再生阻止儀礼として位置づけている（図8、田中・村上 1994など）。この儀礼の背景として、古墳時代後半期における儀礼の長期化と家長権継承システムにおける地位の正当性と安定性の確認を指摘している。

　その後の発掘事例の増加に伴い、北部九州で5世紀前半－6世紀前半の類似した事例が増加するとともに、兵庫県坪井遺跡や群馬県多田山遺跡でも類似した事例が報告される。また、近年の調査において南九州においても白骨化後

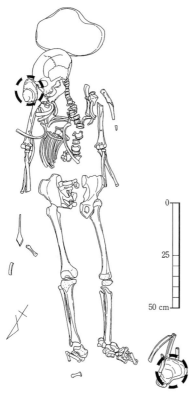

図8 上ノ原48号墓の断体儀礼

（点線：ウリ状炭化物。左足元付近のウリ状炭化物の直下から、遺体の右膝にあるべき膝蓋骨が出土している）

（田中 1995より引用）

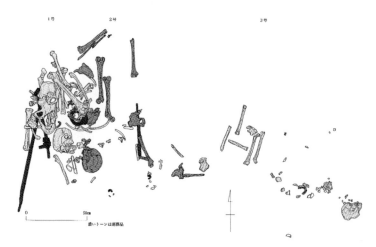

図 9　長湯横穴 7 号墓に見られる断体儀礼

（石川ほか 2004 より引用　濃い網掛は副葬品。西側から、1 号男性、2 号女性、3 号小児が出土している）

の遺体の儀礼的な移動の存在が確認されている（竹中 2020 など）。加えて、大分県長湯横穴墓において最終埋葬後に再開口し、ほぼ白骨化したすべての被葬者の骨を墓室内で完全にバラバラにしている事例から、過度の断体儀礼の存在が指摘されている（図 9）。これらの増加した報告事例をもとに、田中は古墳時代前半期の事例を「死後ほどなくして断体」、古墳時代後半期に関しては「埋葬後に数年〜数十年前後を経てから」「骨を抜き取った」という現象の弁別を行い、最終的に過度の断体儀礼にいたるとしている（2008）。

　以上の事例は各研究者が発掘調査時から現場に赴き、人骨の出土情報から部位の人為的移動に関する情報の読み取りを行うことで、儀礼行為の復元にいたっている。一方でこうした、実際の発掘報告時の所見のみならず、調査時の情報の詳細な報告から、断体儀礼の

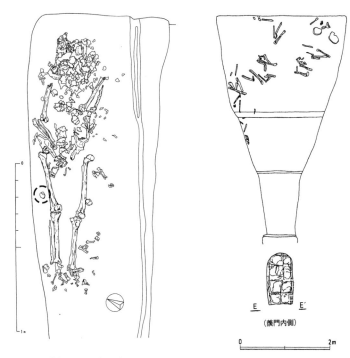

図 10 関東地方で見られる部分断体儀礼と過剰断体儀礼

左　鷲ノ山1号墓　点線：右膝蓋骨。右大腿骨・脛骨が関節状態を保ち前面が上を向
　　いているにもかかわらず、右膝蓋骨が右ひざの外側の10cmほど上半身側にずれた
　　位置から、後面を上にした状態で出土している。このような膝蓋の位置、向きは大
　　分県下の遺跡で認められる膝蓋骨の断体儀礼に伴う移動の方法と非常に酷似してい
　　る。左膝蓋骨も同様な位置から出土しているが、大腿骨が外旋しているため、可能
　　性を保留したい。なお本個体は土砂の流入がみられず、人骨の保存状態が良好にも
　　かかわらず頭蓋骨が完全に粉砕された状態である。膝蓋骨以外の移動以外の人為的
　　関与を想定する必要があるのかもしれない。類例を待ちたい。

右　池上本門寺裏横穴池上1丁目6番地点1号墓　入り口が閉塞石でしっかりと閉塞
　　されているにもかかわらず、最終個体が判断できないほど墓室全体に人骨が散乱し
　　た状態。

可能性が判断できる事例も散見される（舟橋 2022）。まず東日本に関しては、6 世紀末〜7 世紀に使用された千葉県鷲ノ山横穴墓群 1 号墓（八日市場市教委 1988、図 10）において、膝蓋骨の移動の可能性がうかがえる。加えて、本横穴墓では副葬品の中にウリ科の可能性のある果菜が出土している。ウリ状炭化物は前出の上ノ原横穴墓などでも下肢付近に供献されており、膝蓋骨の移動の可能性とあわせ非常に興味深い事例である。この他にも神奈川県・東京都において、6〜7 世紀の横穴墓で、後出の集骨・改葬のように人骨がまとめられているような様相を呈さず、長湯横穴墓でみられたような過度な断体儀礼にあたる事例がみられる（図 10）。この他にも、山陰地域でも類例が認められ、5 世紀後半から 7 世紀前半にかけて、膝蓋骨や脛骨、距骨を移動した事例や全身の関節を外した状態で埋葬空間全体に人骨が散乱した事例が散見され、断体儀礼の可能性が指摘しうる。

　これらの断体儀礼は確認しうるいずれの地域においても、横穴墓の使用が続き人骨の出土状況の確認が可能なおよそ 7 世紀前半まではみられる。また、副葬品は須恵器のみか、持っていても大刀や馬具の一部などそれほど豊富でない場合が多い。例外がある可能性もあるが、全体としては、服喪抜歯風習と同様に、あまり裕福な副葬品を持たない階層が行った家長位にかかわる即物的な儀礼の可能性が考えられよう。北部九州では部分的断体→過度な断体へと移行しているとも指摘されており（田中 2008）、その他の地域をみても過剰な事例が後出することは確実であるが、山陰・関東地方では個別の部位を移動する事例も 7 世紀代までみられる点は注意すべきであろう。なお、これらの埋葬空間内での毀損行為が遺体のみでなく、

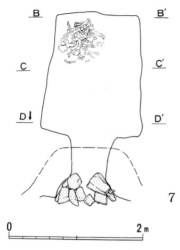

7

```
0              2 m
```

図 11　関東の改葬事例

東北新幹線赤羽根地区遺跡調査会 1989 より引用　赤羽根台遺跡 10 号横穴墓　墓室左奥の 1m×1m の範囲から幼小児を含む 4 体分の人骨が出土しており他の横穴から持ち込まれたと推定される事例

豊富な副葬品や埋葬容器を有する場合にはそれらにも毀損に及んでいる事例が認められることは非常に興味深い（田中 2012、荒井 2020 など）。研究の進展が期待される。

(3) 改葬（図 11）

人の「葬送儀礼」においては、一度きりの埋葬で葬送儀礼を終了する「単葬」と葬送儀礼が複数回にわたる「複葬」がみられる。この複葬制の過程の中で、「いったん埋葬した遺骸を後日取り出して、改めて再葬する葬法」を改葬という（藤井 1999）。なお、改葬に関しては、ほとんどが一次埋葬地からの移動＝移葬を伴うものの、掘り返した後に洗骨後再度同じ墓に再埋葬する事例も一部あり必ずしも移葬を伴うわけではないとされている（土井 1979）。考古学的な遺跡出土人骨からもこれらの改葬およびそれに伴う遺体・人骨の再埋葬行為を復元することが可能であり、その事例は海外においても散見される。列島先史時代においても縄文時代以降古墳時代にいたるまで改葬に伴う再葬墓は確認されており、縄文時代後期に事例の集中する多数個体再葬墓や弥生時代東日本を中心にみられる再葬墓に関しては社会変容との関連が指摘され

ている（設楽 1993、山田 1995）。一方で古墳時代後期においても改葬が高頻度で行われていたとの指摘が認められる（池上 2000）。実際に、改葬と一言でいっても、古墳時代全時期を通してみられるような特定個体を丁寧に改葬している事例と、後期（6世紀以降）以降増加する複数個体をまとめて改葬する事例がある。これらを弁

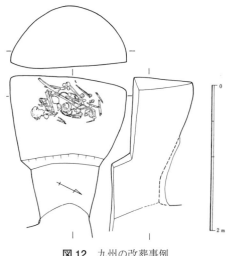

図12　九州の改葬事例

竹並遺跡調査会 1979 より引用　A-55 -3号墓　墓室中央の1m×0.7mの範囲から成人3体分の人骨が出土しており、他の横穴から持ち込まれたと推定される事例

別していないことも一因と考えられるが、古墳時代の改葬の導入の背景に関しては、弥生時代あるいは古墳時代前期からの葬制の「継続性」を重視する説（久保 1967 など）、6世紀末以降の文献記録に見られる上位階層における葬送習俗（薄葬化）の影響（川上 1995 など）、社会規範や埋葬行為における意識の変化（大谷 2001、柏木 2014、荒井 2020）など諸説がみられる。本章ではこの複数個体の改葬が盛行する時期に関して、各地の事例を比較的集約的に取り扱った研究をみてみよう。

　柏木善治は、関東地方を中心に全国の改葬を概観し、全国的に改葬が6世紀後半から7世紀に盛行することから、この時期に死生観

の変化が起き、その背景として、①玄室内の埋葬空間確保、②「けがれた肉体を完全消滅させるための浄化手段として改葬が行われた」とし、「改葬は同一集団としての一体感を表出するための儀礼に活用されたともみなされる」としている（柏木 2013・2014）。北関東地方や東海地方においては、改葬の比率が6世紀中葉から7世紀後半や7世紀以降に多くなることから、社会規範や埋葬観念の変容が指摘されている（荒井 2020、大谷 2001）。

　事例数の多寡によると考えられるが、これらの東日本における研究状況と対照的に西日本では古人骨の出土状況を用いた改葬に関する検討は、それほど活発には行われていない。柏木が列島各地の改葬墓を集成する中で、九州北部・山陰・関西地方の事例を取り上げており、東日本同様おおよそ6世紀後半から7世紀に盛行すると指摘されている（柏木 2014）。また著者自身の研究の成果として、福岡県竹並横穴人骨出土状況の再検討から、当該遺跡における改葬行為が6世紀後半に遡りそれ以降8世紀にいたるまで続くことが明らかになっている（図12）。その背景として①6世紀後半の人口増加に伴う物理的な埋葬空間の確保、②移住による親族集団の再編や部民制の進行に伴う親族集団の分断への対応策としてのアイデンティティの再確認・血縁紐帯強化の動きがあった、と指摘している（舟橋 2021）。この部民制の施行と改葬の結びつきの証左となる事例として、南九州における改葬の明確な事例の不在があげられる。南九州においては、北部九州で改葬人骨や副葬品の埋置に使用される小規模な横穴墓が若干確認されるものの、人骨の出土状況から判断しうる明瞭な改葬の事例はほとんどみられない（舟橋 2022）。上述の屯倉の設置にもとづく部民制への反応が改葬の背景として考えうる

ならば、南九州における改葬の痕跡の少なさは、南九州において屯倉設置の記述がほとんどみられないという、屯倉の設置・部民制の施行地域性の一端を反映する現象である可能性が指摘できよう。他方、時期が下った律令制下ではあるが、宮城県矢本遺跡（7 世紀末〜9 世紀前葉）における事例も人の移動による集団の再編成と改葬の結びつきを示す証左としてあげられよう。矢本横穴墓では、保存状態の良い人骨が多数出土しており、ほとんどの横穴墓で集骨が報告されている。一部過度な断体儀礼と改葬の中間のような遺骨をバラバラにしたような状態の横穴も認められるが、明らかに改葬によりまとめられた人骨も認められる。本横穴墓においては関東系の土器の出土や近在の遺跡との並行関係から、関東からの移住者を含みこんだ集団墓として評価されている。時期は違えど、人工的に集団が再編成された際の集団意識発露の手段として改葬という儀礼が使用されていると指摘することが可能であろう。

3.　結語：親族構造と諸儀礼にみられる地域社会

　以上雑駁な議論ではあるが、諸現象から見た地域社会について若干触れたい。親族構造に関しては、基本的には列島内の東海から南九州まで基層は双系社会であることは指摘可能である。地域的な違いが表出している可能性があるのは、非首長層における父系化の度合いという点であろう。この点に関して田中のモデル化以降集約的な検討が行われている地域としては、近畿・岡山地方があげられる。これ以外の地域に関しては、今後さらなる事例の検討が必要であろう。

　一方で、これまで初葬者の年齢性別の検討や、形態小変異・歯冠計測値といった表現型による血縁関係の推定から親族関係の復元が行われてきたが、近年親族関係復元を目的としたゲノム解析が指向されている。人骨の形態分析を用いて西日本域で行われたモデル化の基盤となるような悉皆的な事例の蓄積が、この分析を用いて行われるようになれば、古墳時代親族関係研究に一石を投じるような研究成果となることが予想される。特に、改葬・過度な断体儀礼などにより、従来の埋葬順序・追葬間隔といった考古学的情報を用いた世代復元が行えない事例に関しては、歯冠計測値・形態小変異を用いた血縁者の推定方法では単に各個体の血縁関係がある可能性を指摘しうるのみで親族関係の復元にまで迫ることはできない。したがって、分析結果そのものから何親等程度離れているかに関する情報が得られる親族関係の復元を目的としたゲノム解析の成果の蓄積が待たれる。ただし、この分析は人骨の破壊を伴うものであり、人骨資料の保護の点から考えると形態情報との相互補完的な運用が必要であろう。

　また、今回取り上げた葬送行為に伴う諸儀礼のうち、抜歯および断体儀礼はそれほど裕福な副葬品を持たない人々の儀礼として、列島各地にみられる。断体儀礼に関しては事例数が少ないことからその時間的・空間的変容にまで言及することは現段階では困難であるが、先行研究において明らかにされていたように、列島各地で連綿と行われた行為であることは指摘できよう。改葬に関しては、物理的な埋葬空間確保の問題とともに、部民制により離合・集散を余儀なくされた既存の親族集団のアイデンティティの再確認・血縁紐帯強化を背景として行われた可能性が考えられる。これらの儀礼から

みると、時期が下るにつれて相対的に「個人」あるいは「特定個体」を対象とした儀礼よりも「集団」あるいは「個体群」を対象とした儀礼の方が際立ってきているようにみえる。あくまでも、人骨の保存状態が良好で人骨の出土状況が詳細に観察できている遺跡の観察によるデータとしては非常に偏ったものであることは否めない。そのような条件のもと集められた事例からいえることは非常に限られているが、あえていうならば、家長権継承システムが安定化する中でその正当性を主張する装置としての「個人」を対象とした服喪抜歯はその社会的役割が低くなり、逆に部民制という統治制度の中で人工的に既存の親族集団が分離あるいは統合されたことへの反発として、集団性を再確認するような儀礼として改葬が行われている。このような流れの中で考えると、当初「個人」を対象として行われていた断体儀礼の対象が墓室内の被葬者全体に及んでいるということは、儀礼のエスカレートのみならず、「集団性」の再確認という意味合いが相対的に強くなっていることを表すのかもしれない。

　繰り返しになるが、親族関係・諸儀礼に関しては個別事例の検討を積み重ねたうえで地域社会全体の検討を行う必要があり、今後引き続き事例の検討・収集を進めていく必要がある。

（舟橋京子）

第3章　なぜ人骨の形態に地域差が生じたのか

1. 古墳時代人骨研究の歩み

　現代の日本列島に住む人びとは、どのような過程をたどり形づくられてきたのか。このテーマはいわゆる「日本人の起源論争」として、多くの研究者が取り組み、現在も多彩な議論が続けられている。そのなかで、遺跡から発掘される古人骨資料を対象とした人類学研究では、「日本人の起源論争」についての膨大な研究が蓄積されている。その研究の歴史を紐解くと、古墳時代の人骨研究の歴史は古く、古墳時代は現代の日本人の形成、とくに形態の地域性が形成される歴史的プロセスを解明する上で重要な時代であることが明らかにされている。本章では、「日本人の起源論争」において重要な「形態の地域性」というテーマを中心に、これまでの古墳時代人骨の研究の成果を紹介していく。

(1) 近代から現代における日本人の形態の地域性

　古墳時代人骨の形態の地域性について紹介する前に、まずは近代から現代の日本人の形態の地域性について触れておきたい。「日本人の起源論争」の早い段階に、日本人の形態に地域性が存在することに注目したのは、1876（明治9）年に日本に招かれたドイツ人医

師エルヴィン・フォン・ベルツである。ベルツは先住民であるアイヌ以外の日本人について、華奢な体つきで面長な特徴を持つ「長州型」と、ずんぐりした体形で丸顔の「薩摩型」に分けられることを見出した。また、松村瞭は頭を上から見た形（頭型）と身長に着目し、近畿地方に短頭（頭の前後の長さが短く、左右の幅が長い）で高身長の人びとが集中していることを指摘した（図1）。戦後になり小浜基次は朝鮮半島を含めた頭型の地域性を指摘しており、近畿地方を中心に短頭傾向が強いこと、そして山陰、北陸、東北を中心に長頭傾向が強いことを指摘している。その要因として小浜は、朝鮮半島にはより短頭傾向が強い人びとが多いこと、一方で北海道のアイヌの人びとは長頭（頭の前後の長さが長く、左右の幅が短い）

〔長頭〕

〔中頭〕

〔短頭〕

図1 頭型の分類

傾向が強いことから、日本列島には長頭を特徴とするアイヌ系の人びとが住んでおり、そこに朝鮮半島から短頭を特徴とする集団が渡来し、日本列島内に拡散したという仮説を提唱した。このような日本人の頭型を中心とした地域性の研究にもとづく議論はその後、頭型が栄養状態などの後天的な要因でかなり変化しやすい不安定な形質であることが明らかにされて、その説得力を弱めることとなるが、少なくとも一連の研究で近代から現代にかけての日本人の形質が均一ではないことが明らかとなった。

　では、近代から現代における日本人の形質の地域性がどのような歴史的プロセスを

経て形づくられてきたのか、この問題を解決するためには遺跡から
出土する古人骨資料を用いた研究が必要といえる。そして、古墳時
代の人骨資料はこの問題を解決するための重要な情報を提供してく
れる。そこで、次に古墳時代の人骨資料の形態研究について、筆者
らがこれまで研究を進めてきた九州地域を中心として、これまでの
研究のあゆみを紹介していく。

(2) 古墳時代人骨の研究のあゆみ

　先ほど述べたように、古墳時代の人骨資料を対象とした研究の歴
史は古く、その成果は「日本人の起源論争」に大きな役割を果たし
てきた。戦前において縄文時代の貝塚出土の人骨を数多く発掘し、
それらの資料をもとに「混血説」を提唱した清野謙次は、古墳時代
人骨の研究も行い、縄文時代の人びとは古墳時代や現代の人びとと
形態的に異なり、古墳時代の人びとは現代人と形態的に近いことを
示した。清野はその変化の要因として、大陸からの渡来人との混血
と進化によるものと考えた。このように、戦前の段階において古墳
時代の人骨資料は、縄文時代以降の日本人の形態変化を知る資料と
して研究が進められてきた。

　戦後になると、土井ヶ浜遺跡をはじめとする山口県の響灘沿岸や
北部九州の墓地遺跡から弥生時代人骨が発見され、それらの人骨資
料を調査した金関丈夫が「渡来・混血説」を提唱し、弥生時代にお
ける大陸からの渡来人の遺伝的影響を指摘した（表1・図2）。ま
た、高度経済成長に伴う開発により古墳時代人骨の発掘事例が増加
していく。それにより、古墳時代の人骨研究は弥生時代における大
陸からの渡来人の遺伝的影響の日本列島内における拡散の様相を把

表1 縄文人と渡来系弥生人の形態の違い

部位		縄文時代人骨 (縄文時代後期・晩期)	弥生時代人骨 (土井ヶ浜遺跡・北部九州)
〔頭蓋〕			
脳頭蓋		大きくてやや低い、中頭型	やや大きくて中等度の高さ、中頭型
顔面頭蓋	（輪郭）	低い、幅が広い	高く、幅がやや広い
	（眼窩）	低い、上縁が直線的	高い、上縁が丸みを帯びる
	（扁平度）	弱（彫りが深く、立体的)	強（のっぺりした面長)
	（鼻骨）	弯曲が強く、鼻梁が高い	弯曲が弱く、鼻梁が低い
	（歯）	スンダ型歯列	中国型歯列
		サイズが小さい	サイズが大きい
		形はシンプル	形はやや複雑
		前歯のシャベル形成弱	前歯のシャベル形成強
〔四肢骨〕		太く、やや短く、頑強	やや太く、長く、下肢は頑丈
大腿骨		柱状性強	柱状性弱
脛骨		扁平性強	扁平性弱
〔身体〕			
身長		（♂）158〜159cm	（♂）163〜164cm
		（♀）148〜149cm	（♀）151〜152cm
プロポーション		前腕、下腿が相対的に長い	前腕、下腿が相対的に短い

握する目的で、研究が進展していく。これは、弥生時代の人骨資料の出土が西日本、とくに北部九州から山口県の響灘沿岸に偏在しているのに対して、古墳時代の人骨の資料は弥生時代の資料よりも地域的な偏りが少ないことに起因している。1980年代から1990年代初頭を中心として、各地の古墳時代人骨の特徴が総括的に検討され、それにより古墳時代人骨の形質には地域差が存在することが明らかにされた（池田ほか 1985）。そして、その地域差の要因として大陸からの渡来人の遺伝的影響の強弱にあることが指摘されている。つまり、渡来人の遺伝的影響の強い地域では頭蓋の顔面部の高

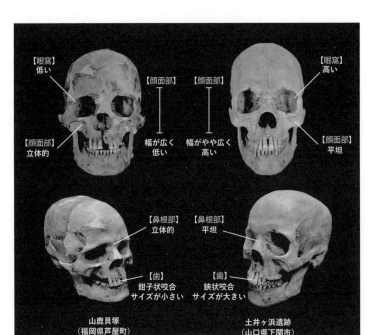

【眼窩】低い
【顔面部】立体的
【顔面部】幅が広く低い
【顔面部】幅がやや広く高い
【眼窩】高い
【顔面部】平坦

【鼻根部】立体的
【鼻根部】平坦
【歯】鉗子状咬合　サイズが小さい
【歯】鋏状咬合　サイズが大きい

山鹿貝塚
（福岡県芦屋町）

土井ヶ浜遺跡
（山口県下関市）

図2　縄文人と渡来系弥生人

顔性や高眼窩の傾向が強く、渡来人の遺伝的影響が弱い地域では逆に頭蓋の顔面部の低顔性や低眼窩の傾向が強いことが明らかとなっている。

2. 九州における古墳時代人骨の形態の地域性

ここでは古墳時代人骨の具体的な地域性について、九州の事例を中心に紹介していく。

66

図3 九州大学総合研究博物館における古墳時代人骨の展示

出土地域別に陳列されており、九州における古墳時代人骨の地域性がひと目でわかるように展示されている。

(1) 九州における古墳時代人骨の形態研究のあゆみ

　九州における古墳時代人骨の形質については、九州の北部と南部で形質に違いがあることが、古墳時代人骨研究の早い段階から指摘されている。

　北部九州の古墳時代集団の形態について、永井昌文（1985）は九州北部の古墳時代集団を旧国単位で区分し、北豊前・筑前地域では北部九州弥生人の形質を維持した集団が存在し、その周辺地域の集団は低身長・低顔の傾向が強いことを指摘している（図3）。土肥直美と田中良之は西日本の古墳時代集団の頭蓋形態を分析し、頭蓋形態の地域性とその形成要因について考察を試みている（Doi and Tanaka 1987、土肥・田中 1987）。頭蓋の形態解析では、西日本の

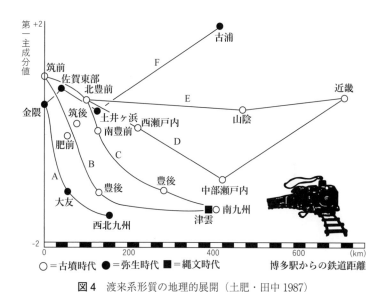

図4　渡来系形質の地理的展開（土肥・田中 1987）

弥生時代と古墳時代の諸集団を対象として、主成分分析という統計手法を用い、渡来系の弥生人の特徴である顔面部の高さと幅の比率を示す主成分と地理的距離との関係を検討している（図4）。地理的距離については、渡来系弥生人の拡散が福岡であることを前提として、福岡市（博多駅）から各遺跡までの鉄道距離から求めている。分析の結果、海岸部や山間部などの稲作農耕には好適とはいえない地域のルートは急激なカーブを描いて渡来形質が失われている。それに対して、筑前－北豊前－南豊前－豊後のルートなど今日の水田地帯を通るルートは比較的緩やかなカーブを描き、渡来形質が広く分布していることを示している。このことから、弥生時代の渡来人の遺伝的影響の拡散の度合いは、稲作農耕の適地に強く、山

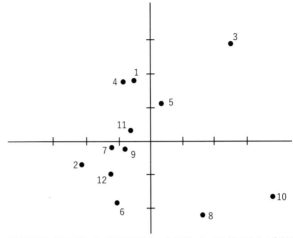

1：南九州山間部（古墳時代）、2：南九州平野Ⅰタイプ（古墳）、3：南九州平野Ⅱタイプ（古墳）、
4：西北九州（弥生）、5：大友（弥生）、6：横隈狐塚（弥生）、7：金隈（弥生）、8：二塚山（弥生）、
9：土井ヶ浜（弥生）、10：朝田（古墳）、11：津雲（縄文）、12：近畿（古墳）

図5 頭蓋計測項目9項目を用いたペンローズの形態距離にもとづく主座
標分析による二次元展開図（松下 1990）

間部では弱いことをあげている。

　一方、南九州の古墳時代集団の形態について、内藤芳篤は縄文人
ないし縄文人の継続と考えられる地域の弥生人や古墳人に近く、弥
生時代の渡来人の影響を強く受けた集団とはやや異なることを指摘
している（池田ほか 1985）。また、松下孝幸（1990）は南九州の古
墳時代集団のなかでも、日向地域において平野部の地下式横穴墓か
ら出土した人骨と山間部の地下式横穴墓から出土した人骨の形態に
は違いがあることを指摘した（図5）。具体的には、山間部の地下
式横穴墓から出土した人骨の形態は低・広顔傾向が強く、立体的な
顔面部を呈し、縄文人的な特徴を残し、平野部の地下式横穴墓から

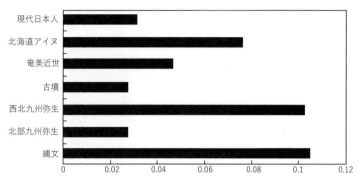

図6　頭蓋形態小変異22項目にもとづく島内古墳時代集団からのスミスの
　　　距離（竹中 2001）

出土した人骨の形態は山間部の集団より高顔で、北部九州・山口地
域の弥生時代人骨に類似していた。

　その後、えびの盆地に所在する島内地下式横穴墓群から多くの人
骨が出土し、その頭蓋形態を検討した竹中正巳（2001）は南九州山
間部の古墳人と同様の特徴を多く持つが、個別にみていくと非縄文
人的特徴も持ち合わせている個体も存在することを指摘している。
さらに、島内地下式横穴墓群から出土した人骨の頭蓋形態小変異の
分析からも興味深い結果が得られている。頭蓋形態小変異とは、頭
蓋に存在する神経が通る孔の数の違い、縫合線の有無、通常はない
小骨が縫合の間に挟まるなどの小さな変異のことで、こうした小変
異は遺伝性の高いものとされている。その頻度を集団ごとに比較す
れば、各集団間の系統関係を知る上で有効とされている。島内地下
式横穴墓から出土した人骨の頭蓋形態小変異を分析した結果、島内
地下式横穴墓の集団は、縄文人集団や縄文人と形態が類似している

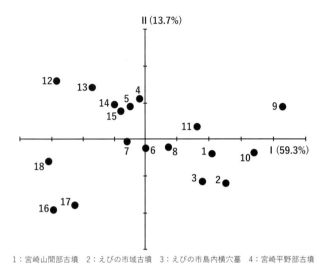

II (13.7%)

1：宮崎山間部古墳　2：えびの市域古墳　3：えびの市島内横穴墓　4：宮崎平野部古墳
5：北部九州山口古墳　6：山陽古墳　7：畿内古墳　8：関東・東北古墳　9：津雲縄文
10：関東縄文　11：西北九州弥生　12：安永田弥生　13：吉野ヶ里弥生　14：金隈弥生
15：土井ヶ浜弥生　16：中部九州現代　17：関東現代　18：中国漢代

図7　頭蓋計測項目9項目を用いたペンローズの形態距離にもとづく主座
　　　　標分析による二次元展開図（分部 2009）

西北九州弥生時代集団よりも、北部九州弥生時代集団に類似してい
ることが明らかとなった（図6）。また、分部（2009）と佐伯・分
部（2012）では島内集団を含め頭蓋形態、頭蓋小変異、歯の形態解
析から南九州の古墳時代集団の形態を再検討している。頭蓋形態に
ついては、南九州の山間部の古墳時代集団は島内集団も含め、縄文
時代集団と類似した特徴を備えていることを指摘している（図7）。
一方、頭蓋小変異と歯の形態解析からは縄文時代集団との類似は見
られず、縄文時代集団と渡来系の弥生時代集団の中間的な特徴を備
えていることを明らかにしている（図8、図9）。このことから、南

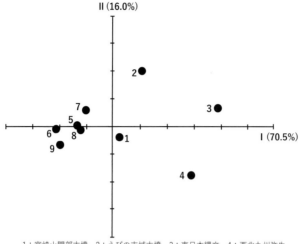

1：宮崎山間部古墳　2：えびの市域古墳　3：東日本縄文　4：西北九州弥生
5：北部九州弥生（佐賀）　6：北部九州（福岡）　7：山口弥生　8：東日本古墳
9：現代日本人（長崎県）

図8　頭蓋形態小変異 10 項目によるスミスの距離にもとづく主座標分析による二次元展開図（分部 2009）

九州地域の古墳人の形態は、縄文人的特徴を残しながらも変化しつつあると解釈されている（佐伯・分部 2012）。

　以上、九州の古墳時代人骨のこれまでの研究の歩みについて紹介してきた。古墳時代の人骨研究は 1980 年代から 1990 年代初頭にかけて研究の大きな枠組みが構築されている。その後、古墳時代人骨の出土事例も徐々に増加していき、南九州の島内地下式横穴墓群のように 1 つの遺跡から大量に出土した事例もある。また、それ以外の地域でも古墳時代人骨資料の出土事例は増えていることから、筆者らは新たな資料を追加したうえで、九州の古墳時代集団の頭蓋お

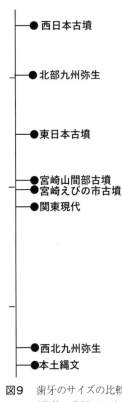

● 西日本古墳

● 北部九州弥生

● 東日本古墳

● 宮崎山間部古墳
● 宮崎えびの市古墳
● 関東現代

● 西北九州弥生
● 本土縄文

図9 歯牙のサイズの比較
（佐伯・分部 2012）

よび四肢骨の形態解析を行ってきた。次に、筆者らが行ってきた九州の古墳時代人骨を対象とした形態研究（高椋 2021、高椋 2022、高椋・米元 2022）について紹介していく。

(2) 九州における古墳時代人骨の形態研究の近年の動向

〔頭蓋形態〕

頭蓋形態については、先行研究において旧国単位で設定された地域区分をより細かくし、分析対象集団を平野や盆地単位で8つの地域に区分した（図10）。これらの地域は分析を行うための十分なデータ数を得ることができた地域で、その他の地域においては古墳時代人骨資料が出土しているものの、十分なデータ数を得ることができなかった。また、女性のデータについても十分なデータ数を得ることができなかったため、男性のデータのみを使用した。

頭蓋の形態解析は顔面部に注目して、顔面部の特徴を把握することができる6つの計測項目を使用した（図11）。顔面部の形態は、前に述べた頭型に代表される脳頭蓋の形態よりも後天的な影響を受けにくいとされており、縄文人と渡来系弥生人の頭蓋形態の違いの多くも顔面部に認められている。

　分析に用いた九州の古墳時代集団の基礎統計量を表2に示している。まず、分析対象の8つの集団の顔面部形態の特徴を把握するために、各集団の平均値を使用して北部九州の現代人集団の平均値を基準とした偏差折線を描いた（図12）。この図において、各計測項目における現代人集団との平均値の差が大きいほど基準線から離れ、折れ線は大きく変化する。ここでは古墳時代集団に加えて、比較集団として北部九州の弥生時代集団と西日本の縄文時代集団のデータも加えている。古墳時代集団の折れ線をみると、九州北部の6つの集団（福岡平野・三国地域、遠賀川流域、筑後、京都平野、中津平野、玖

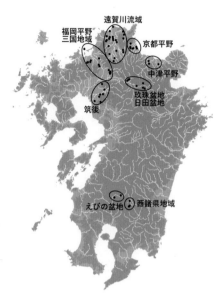

図10　分析に使用した資料が出土した遺跡分布図

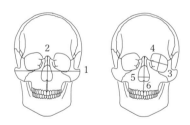

1．頬骨弓幅　2．上顔高　3．眼窩幅
4．眼窩高　5．鼻幅　6．鼻高

図11　分析に使用した顔面頭蓋の計測項目

表2 分析に用いた九州の古墳時代10集団の顔面部の各計測項目と各示数の基礎統計量

♂	福岡平野三国地域（古墳）			遠賀川流域（古墳）			筑後（古墳）			京都平野（古墳）			中津平野（古墳）		
	N	M	S.D.	N	M	S.D.	N	M	S.D.	N	M	S.D.	N	M	S.D.
頬骨弓幅	9	140.1	5.02	9	140.1	4.93	5	139.8	4.92	12	136.7	4.85	5	137.8	2.71
上顔高	12	71.6	4.59	9	71.9	4.36	8	72.9	2.67	18	71.7	3.31	6	71.7	3.45
上顔示数（K）	10	51.0	1.89	7	50.8	2.56	5	51.7	2.41	10	53.5	2.59	5	52.1	2.88
上顔示数（V）	12	67.6	3.97	8	68.3	2.11	8	69.3	3.35	18	69.0	3.34	6	68.5	2.84
眼窩幅（左）	12	43.1	1.38	11	44.5	2.02	9	43.9	1.37	21	42.6	2.19	6	42.3	1.89
眼窩高（左）	12	34.3	2.46	12	33.9	1.89	9	34.0	1.89	21	33.8	1.72	6	33.7	1.97
眼窩示数（左）	12	79.7	5.96	11	76.4	4.90	9	77.5	4.61	21	79.4	4.24	6	79.6	3.97
鼻幅	12	26.5	1.71	9	26.6	1.89	9	26.6	1.07	18	26.1	1.43	6	27.0	1.29
鼻高	12	51.2	3.24	9	52.3	3.09	9	52.3	3.33	19	50.9	2.53	6	50.5	2.63
鼻示数	12	51.9	3.10	9	50.9	4.33	9	50.9	3.84	18	51.3	3.22	6	53.6	3.53

♂	玖珠盆地日田盆地（古墳）			佐賀平野（古墳）			肥後（古墳）			西諸県地域（古墳）			えびの盆地（古墳）		
	N	M	S.D.	N	M	S.D.	N	M	S.D.	N	M	S.D.	N	M	S.D.
頬骨弓幅	12	136.9	6.02	5	139.4	4.08	8	138.5	4.69	18	137.9	4.92	24	133.9	3.49
上顔高	19	69.0	3.42	5	71.4	5.08	10	67.4	3.47	21	64.4	3.47	28	66.4	3.96
上顔示数（K）	12	50.3	2.80	4	52.5	0.79	7	48.7	2.26	13	46.2	3.00	22	47.6	3.16
上顔示数（V）	18	68.1	4.23	4	70.3	2.80	9	65.6	2.84	17	62.3	3.56	25	65.1	4.63
眼窩幅（左）	20	41.8	2.46	6	45.0	2.24	10	42.9	1.81	21	43.0	1.53	31	41.0	1.53
眼窩高（左）	20	32.8	2.79	6	34.0	1.53	9	33.0	1.89	24	32.9	1.96	30	32.6	1.48
眼窩示数（左）	20	78.4	5.52	6	75.7	4.48	9	76.7	5.68	21	76.8	4.77	30	77.2	3.93
鼻幅	18	25.6	2.24	8	27.1	1.45	10	26.3	0.90	26	26.8	1.83	25	26.3	1.85
鼻高	20	50.6	3.56	9	50.6	2.45	12	50.1	2.29	26	49.6	2.63	27	48.4	3.29
鼻示数	18	51.4	7.10	8	54.3	3.08	10	52.3	2.13	24	54.5	4.13	24	52.9	4.52

珠盆地・日田盆地）の折れ線は互いに類似している。九州南部の2つの集団（西諸県地域、えびの盆地）の折れ線はやや異なっているが、えびの盆地集団の折れ線は比較的九州北部の古墳時代集団に類似している。そして、古墳時代集団と比較集団（西日本縄文、北部九州弥生）の折れ線を比較すると、九州北部の6集団とえびの盆地集団の折れ線は北部九州弥生時代集団と類似しているのに対して、

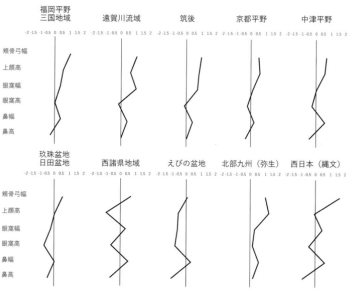

図12　各集団の平均値を使用した偏差折線
（基準：北部九州の現代人集団）

西諸県地域集団の折れ線は西日本の縄文時代集団と似ている。

　単変量での結果をさらに検討するために、顔面頭蓋計測6項目を用いて多変量解析を行った。なお、多変量解析に用いたデータは、分析結果に対する顔面部分の大きさ（Size）による影響をできる限り排除し、顔面部分の形状（Shape）を評価できるように計測値を標準化したものを使用している。まず、分析対象集団の顔面頭蓋計測6項目の平均値を使用してマハラノビスの距離を算出し、その距離にもとづき多次元尺度構成法を使用して二次元上に展開した（図13）。この図では、形態的な類似性が大きいほど近い場所に位置する。これをみると、先ほどの単変量を使用した偏差折線の結果と同

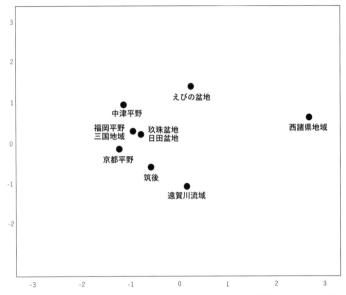

図 13 顔面頭蓋計測 6 項目を使用したマハラノビスの距離にもとづく多次
元尺度構成法による二次元展開図

様の傾向が確認できる。つまり、分析対象集団のうち九州北部の 6
つの集団（福岡平野・三国地域、遠賀川流域、筑後、京都平野、中
津平野、玖珠盆地・日田盆地）はある程度近接して、まとまったと
ころに位置している。一方、南九州の 2 つの集団のうち西諸県集団
は、九州北部の集団、そして南九州地域のえびの盆地集団とも離れ
たところに位置しており、他の集団との顔面部形態の類似性は小さ
いことがわかる。それに比べて、えびの盆地集団は西諸県集団より
も九州北部の各集団と近い所に位置しており、西諸県集団よりも九
州北部の古墳時代集団との顔面部の形態的類似性は強いことがわか
る。

　また、別の多変量解析として主成分分析を行った。主成分分析を
用いた解析では、土肥直美と田中良之が用いた方法（Doi and
Tanaka 1987）、つまり渡来系の弥生人の特徴である顔面部や眼窩
の高さと幅の比率を示す主成分と分析対象集団の地理的距離との関
係を検討する方法を用いた（図 14）。この図において、横軸は福岡
平野・三国地域集団を起点として福岡市の博多駅からの鉄道距離を
示し、縦軸は主成分分析における顔面部と眼窩の高さと幅の比率を
示す因子の主成分得点を示している。縦軸の主成分得点は、プラス
の値が大きいほど低顔・低眼窩傾向が強く、逆にマイナスの値が大
きいほど高顔・高眼窩傾向が強いことを示している。まず、福岡平
野・三国地域集団から東側へのルートをみていくと、遠賀川流域の
集団から京都平野の集団にかけて、主成分得点が減少し、高顔・高
眼窩傾向が強まっていることがわかる。とくに、京都平野の集団は
分析に用いた集団のなかで最も高顔・高眼窩傾向が強いことがわか
る。しかし、京都平野の南部に位置する中津平野の集団では、主成
分得点はプラスの値に大きく変化し、低顔・低眼窩傾向が強くなっ
ている。次に、福岡平野・三国地域集団から南のルートをみると、
筑後平野の集団の主成分得点は福岡平野・三国地域の集団と大きな
違いはない。筑後平野の東側に位置する玖珠盆地・日田盆地の集団
の主成分得点はやや減少しており、高顔・高眼窩傾向が強くなって
いる。そして、南九州の 2 つの集団については、西諸県地域の集団
の主成分得点は比較集団のなかで最も高く、低顔・低眼窩傾向が強
い。一方、えびの盆地の集団は西諸県地域集団の主成分得点より低
く、西諸県地域集団よりも高顔・高眼窩傾向が強い。
　顔面部の頭蓋形態の解析結果をまとめると、まず注目すべきは南

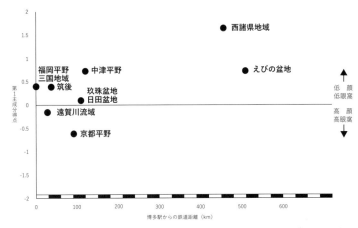

図14 顔面頭蓋計測6項目を使用した主成分分析にもとづく各集団の第1主成分得点と地理的距離の相関図

九州の2つの集団（西諸県地域集団とえびの盆地集団）の違いである。この2つの集団を比べると、西諸県地域の集団はえびの盆地の集団よりも低顔・低眼窩傾向が強かった。一方、えびの盆地集団は高顔・高眼窩傾向が強く、西諸県地域の集団よりも九州北部の古墳時代集団との類似性は強かった。また、九州北部の古墳時代集団についても興味深い結果が得られている。九州北部の古墳時代集団のなかで最も高顔・高眼窩傾向が強かったのは、京都平野地域の集団で、その傾向は弥生時代において大陸からの渡来人による遺伝的影響を最も受けていたと考えられる福岡平野・三国丘陵地域の集団よりも強かった。頭蓋形態の分析結果におけるこの2つの注目すべき結果から何が読み取れるのかについては、後ほど考察を加えたい。

〔四肢骨形態〕

　四肢骨形態については、先行研究では長径にもとづく推定身長の議論は行われてきたが、生前の身体活動の負荷と関係している断面形態については十分な検討は行われてこなかった。そこで、筆者らは、断面形態を含む四肢骨の形態について分析を行ってきた。日常的な活動や習慣に伴う運動は人体の特定の部分に偏った力を加えるため、骨はこれらの力に対抗するために適応的に変化する。たとえば、縄文時代の集団は、大腿骨の柱状性や脛骨の扁平性が強いことがわかっている（図15）。大腿骨の柱状性とは、大腿骨の後面に筋肉が付着する粗線という構造があり、その粗線が柱状に隆起したものである。大腿骨の背面に付着している筋肉は歩行に関連する筋肉が多いことから、縄文時代集団は日常的な歩行による負荷が大きかったことがわかる。また、脛骨の扁平性とは脛骨の断面が前後方向に扁平な形を呈するもので、その形状は日常的な歩行や走行に伴う前後方向の負荷に適応したものと考えられている。ただし、九州の古墳時代の資料について、現時点では頭蓋形態解析のような細かな地域区分での分析が可能なほどの資料数を得ることができなかっ

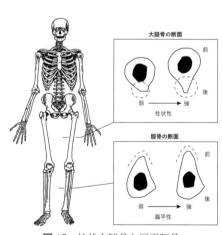

図15　柱状大腿骨と扁平脛骨

たため、九州北部の集団と九州南部の集団とに分けて解析を行った（高椋 2021）。

　まず、四肢骨の長さ（長径）について、北部九州の古墳時代集団の各四肢骨の長さは、南部九州の古墳時代集団に比べて長いことがわかった。そして、大腿骨の長さから推定した身長についても、これまでの研究で指摘されてきたように、北部九州の古墳時代集団の推定身長（男性：160.2cm、女性：151.3cm）は南部九州の古墳時代集団（男性：157.2cm、女性：147.1cm）よりも高かった（図16）。縄文時代の集団と北部九州や響灘沿岸地域の渡来系弥生人の集団との形態的な大きな違いとして、平均身長の違いがあげられる。渡来系弥生人の推定身長は男性の平均が160cm前半、女性の平均が150cm前半で、縄文人集団の平均身長は男性で150cm後半、女性が140cm後半とされている。四肢骨の長径および推定身長につい

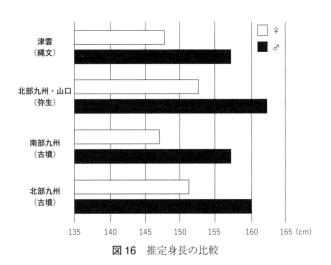

図16 推定身長の比較

て、九州北部の集団と南部の集団では違いがあること、そして北部
九州の古墳時代集団は渡来系の弥生人集団と、南部九州の古墳時代
集団は縄文人集団と類似していることが改めて確認できる。

　次に、四肢骨の断面形態については、上肢（上腕骨、橈骨、尺
骨）と下肢（大腿骨、脛骨）の断面の計測値にもとづいた多変量解
析をおこない、四肢骨の断面形態の類似性を検討した。具体的に
は、先にあげた上肢と下肢の断面計測 10 項目を使用してマハラノ
ビスの距離を算出した（図 17）。古墳時代以外の比較集団として、
津雲貝塚出土の縄文時代集団と北部九州・山口地域の弥生時代集団
のデータを使用した。これをみると、北部九州の古墳時代集団は男
女ともに、北部九州・山口地域の弥生時代集団とのマハラノビスの
距離が小さい、つまり形態的類似性が高いことがわかる。一方、北
部九州の古墳時代集団と津雲縄文時代集団とのマハラノビスの距離
は大きく、他の比較集団よりも形態的な類似性が低いことがわか
る。一方、南部九州の古墳時代集団は男女ともに北部九州の古墳時
代集団との類似性が最も高く、ついで北部九州・山口地域の弥生時
代集団、そして津雲縄文時代集団との形態的な類似性は他の比較集
団よりも低かった。南九州の古墳時代集団の四肢骨の長径は縄文人
集団との類似性が強かったが、四肢骨の断面形態については縄文人
集団よりも北部九州・山口地域の弥生時代集団との類似性が強かっ
た。前述したように、四肢骨の断面形態は日常的な活動や習慣に伴
う運動に影響を受ける。このことから、南九州の古墳時代集団の活
動様式は、狩猟・採集を中心とした縄文時代集団の活動様式より
も、水稲農耕を生業に導入していた弥生時代集団の活動様式に近
かったといえる。

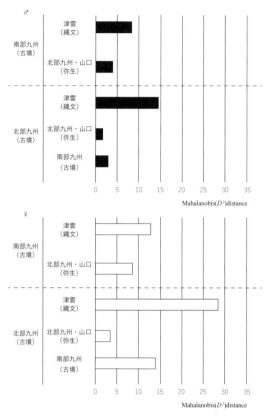

図17　四肢骨の断面計測10項目を使用したマハラノビスの距離

3.　九州における古墳時代人骨の形態の地域性の要因

　最後に、筆者らのこれまでの研究で明らかとなった九州における古墳時代人骨の形態の地域性の要因について考察を加えたい。

(1)　南部九州の古墳時代集団の形態の地域性について

　まず、南部九州の古墳時代集団の顔面頭蓋の地域性について興味深い結果が得られている。この集団の頭蓋形態についての先行研究の流れを整理すると、研究の早い段階において南部九州の古墳時代集団の形態は渡来系の弥生時代集団よりも縄文人集団との形態的な類似性の強さが指摘されている（内藤 1985）。その後、南九州地域内での頭蓋形態の地域性が指摘されるようになり、日向地域において宮崎平野部では渡来系の影響を受け、山間部では在来の縄文人的特徴が残っていたことが示されている（松下 1990）。そして、えびの盆地の島内地下式横穴墓の発見と出土人骨の研究により、頭蓋形態小変異や歯の形態解析から島内地下式横穴墓集団の形態に渡来人の影響が確認されている（竹中ほか 2001、分部 2009、佐伯・分部 2012）。本章で紹介した筆者らの顔面頭蓋を対象とした形態解析でも、島内地下式横穴墓の集団を中心としたえびの盆地地域の集団は、隣接する西諸県地域の集団よりも高顔・高眼窩傾向が強く、北部九州の古墳時代集団や渡来系の弥生人集団との形態的類似性が強かった。このことから、南九州地域の山間部においても渡来人の遺伝的影響を受けた地域と、在来の縄文人集団の特徴を残した地域があることが示された。

　えびの盆地の集団が西諸県地域の集団よりも高顔・高眼窩傾向が強い理由について、現段階では明確な理由を述べることはできない。ただし、えびの盆地集団の分析対象資料の大半を占める島内地下式横穴墓からは、甲冑や銀象嵌竜文大刀など近畿の中央政権との強い結びつきを示す遺物が出土している（えびの市教育委員会編 2001・2009・2010）。このような出土遺物から明らかとなってい

84

る他地域との交流が、島内地下式横穴墓集団の形態的特徴を生み出した可能性が考えられる。また、当該地域における北部九州からの弥生文化の拡散の様相をみると、えびの盆地に隣接する大口盆地に所在する下鶴遺跡からは、大陸系の磨製石斧である抉入柱状片刃石斧や銅戈が出土している（鹿児島県立埋蔵文化財センター編 2011）。そのため、当該地域においては古墳時代よりも早い段階から渡来人の遺伝的影響が及んでいた可能性も考えられる。南九州地域における弥生時代の人骨の出土事例は少ないため、弥生時代における渡来人の遺伝的影響を正確に評価することはできないが、南九州地域における弥生時代から古墳時代にかけての渡来人の遺伝的影響をこれから検討していく必要がある。

　また、古人骨資料を対象とした DNA 研究も近年大きく進展しており、南九州地域の古墳時代集団を対象とした研究も進められている。南九州地域の古墳時代資料については、上述の島内地下式横穴墓（宮崎県えびの市）、立小野堀遺跡（鹿児島県鹿屋市）のミトコンドリア DNA 解析により、縄文系のハプログループと大陸渡来のハプログループが確認されている（佐伯・分部 2012、篠田ほか 2021）。今後は核 DNA も含めた研究も進められていくことが予測され、九州の古墳時代集団の系統関係について、人骨形態の研究よりも解像度の高い成果を得られることが期待される。

(2) 北部九州の古墳時代集団の形質の地域性について

　北部九州地域の古墳時代集団についても注目すべき結果が得られている。北部九州地域については、各地域集団の全体的な傾向として高顔・高眼窩傾向が強いことが改めて確認された。ただし、先行

研究（Doi and Tanaka 1987、土肥・田中 1987）にも指摘されているように、その傾向は北部九州の地域内にも差が出ていた。北部九州地域において最も高顔・高眼窩傾向が強かったのは京都平野地域の集団であった。そして、弥生時代において渡来人の遺伝的影響を最も受けた地域である福岡平野・三国地域の集団は、京都平野や遠賀川流域の集団よりも高顔・高眼窩傾向は弱かった。北部九州における弥生時代人骨の地域性を検討した米元（2022）は、福岡平野や三国地域の弥生時代集団は、周辺部の遠賀川流域・朝倉・佐賀東部・山口地域よりも高顔性が強いと指摘している。つまり、弥生時代から古墳時代にかけて北部九州における顔面部形態の地域性が変容したことがわかる。

　このような変容の理由については、弥生時代における北部九州を起点とした弥生文化の伝播と連動した渡来人の遺伝的影響の拡散に加えて、古墳時代の各地域における他地域との交流の違いもあると、筆者らは考えている。たとえば、古墳時代の遠賀川流域については、嘉穂盆地において金比羅山古墳、山の神古墳、寿命王塚古墳など大型の前方後円墳が築造されている。この地域からは半島系の遺物や南海産の貝製品が副葬品として出土しており、6 世紀になると嘉穂盆地に穂波屯倉と鎌屯倉が設置されること、大宰府の設置後は豊前国とを結ぶ官道が設置されていることから、嘉穂盆地は半島や南九州以南、近畿なども含めた広域交流の結節点あるいは対半島交渉での重要な役割を果たした地域として評価されている（辻田編 2015）。

　また、京都平野の集団については分析対象である古墳時代集団のなかでも、とくに高顔性、高眼窩傾向が強かった。この地域の資料

は古墳時代後期の横穴墓から出土したものが多い。また、この地域は、竹並遺跡をはじめとして、初期横穴墓が分布する地域である。横穴墓の成立については朝鮮半島からの影響が想定されており、京都平野の地域に初現期の横穴墓が分布していることは朝鮮半島との結びつきがあったことがわかる。さらに、当該地域の古墳時代においては、九州最古級の定型化した前方後円墳である石塚山古墳や大量の鉄製武器や馬具が出土した稲童古墳群が築造されている。古代においては、豊前国府の設置、古代寺院（椿市廃寺、豊前国分寺、豊前国分尼寺）の建立、大宰府と豊前を結ぶ官道の設置、『類聚三大格』に記された「草野津」に比定されている延永ヤヨミ園遺跡、古代山城の御所ケ谷神籠石などが分布している。このことから、京都平野も古墳時代から古代における広域交流の拠点地域であり交通の要衝といえる。

　このような遠賀川流域と京都平野地域おける地域的な性格や当時の対外的交流が、両地域集団の形態的特徴を生み出した可能性がある。ただし、本研究に用いた北部九州地域の古墳時代資料は時期的な違いがあり、形態の地域性の解釈には注意が必要である。福岡平野・三国地域の資料は古墳時代の前期と中期の資料が大半を占めるのに対して、遠賀川流域や京都平野や中津平野地域の資料は古墳時代後期の資料が多い。そのため、北部九州における形態の地域性を結論づけるためには、各地域の空白期をうめる今後の資料の増加が期待される。

　以上、九州の古墳時代における人骨形態の地域性について紹介してきた。これまでの研究により、九州における古墳時代集団の形態

の地域性の詳細が少しずつ明らかになっている。今後は、これまで十分に研究されてこなかった地域、たとえば九州の西部、中央部そして東部の様相について、未整理資料の調査の進展や新たな出土事例の増加を期待したい。また、古人骨のDNA解析も著しい進歩を遂げており、今後は核DNAも含めた研究も進められていくことが予測される。さらには、骨や歯に含まれる安定同位体分析による当時の食性や人の移動の復元研究も進めば、九州における古墳時代の新たな歴史像も明らかにすることができよう。ただ、古人骨資料を用いた新たな解析手法による研究結果の歴史的解釈には関連分野の成果が必要となる。たとえば、古墳時代に関する考古学的な研究により、地域間の交流や渡来人の存在も含めた大陸との交流が強い地域が明らかになっている。こうした情報を含めた上で、古墳時代集団の系統関係を解釈する必要がある。

　　　　　　　　　　　　　　　　　　　　　（高椋浩史・米元史織）

第4章　地下式横穴墓から
地域社会を考える

　古墳時代の南九州にみられる墓制に地下式横穴墓がある。宮崎県中部以南の平野部、内陸部、鹿児島県大隅半島志布志湾沿岸、川内川中・上流域に分布し、一部は熊本県人吉盆地に及ぶ。この分布域はおよそ5地域（Ⅰ．平野部：広義の宮崎平野部、Ⅱ．内陸部：西諸県地域、Ⅲ．内陸部：加久藤［えびの］盆地・大口盆地、Ⅳ．内陸部：都城盆地・北諸県地域、Ⅴ．平野部：大隅半島志布志湾沿岸）（図1）に分けた理解が一般的である（北郷 1986 など）。4世紀末・5世紀初め頃に加久藤盆地もしくは宮崎平野で、あるいはその両地域で発生した後、他地域に広がったと考えられている。造営は5・6世紀がもっともさかんで、7世紀前半代まで認められる。

　その基本構造は、地面を垂直方向に掘削した竪坑と、そこから水平方向に掘り進み、短い羨道部を介して構築される埋葬空間の玄室からなる。埋葬終了後に密閉され、玄室空間が土砂に埋もれない状態に長く置かれることから、副葬品ばかりでなく、被葬者人骨が良好な状態で発見される例が数多くみられる。出土人骨については、これまでに年齢・性別などの基本情報が提供され、とりわけその形質的特徴が明らかにされてきた（松下 1990 など）。しかしながら、この墓制における埋葬が、どのような原理にもとづくのかを明らかにする研究は長らく進展をみなかった。

90

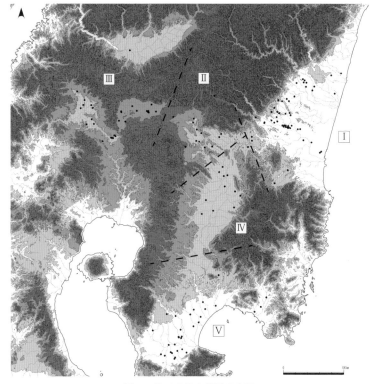

図1 地下式横穴墓群分布図

1. 地下式横穴墓における親族関係の分析

　田中良之は墓における被葬者の埋葬状況の分析と歯冠計測値による血縁者推定法を用いて、大分県上ノ原横穴墓群をはじめとする人骨出土古墳の分析を行い、古墳時代の親族関係について三段階の変化（基本モデルⅠ・Ⅱ・Ⅲ）がみられること、西日本においては5

世紀後半以降、双系の親族関係にもとづく埋葬原理（基本モデル
Ⅰ）から父系の親族関係にもとづく埋葬原理（基本モデルⅡ）に転
換していく状況が広く認められることを明らかにした（田
中 1991・1995）。

　2010・2011年、田中を中心に、宮崎県西諸県郡高原町旭台地下
式横穴墓群、同町立切地下式横穴墓群の親族関係の分析を行った。
同一墓内の複数の被葬者の重なり、片付けを検証し、埋葬順序、埋
葬の時間的間隔を推定、その世代構成を復元した。両地下式横穴墓
群とも過去の調査であるため、こうした検討は、出土状況の実測図
面、現場写真など調査記録にさかのぼって行った。さらに旭台地下
式横穴墓群出土人骨については歯冠計測を実施した。

　旭台地下式横穴墓群では、それぞれの墓の被葬者はすべて血縁関
係にあること、同世代の被葬者はキョウダイであり、この原理（基
本モデルⅠ）にもとづき複数世代の埋葬が行われたことが明らかと
なった。一方、立切地下式横穴墓群は歯冠計測による検証が必要な
ものの、復元された被葬者構成モデルから、やはり双系の親族関係
（基本モデルⅠ）にもとづく埋葬であることが推定された（田中ほ
か 2012）。

　立切地下式横穴墓群では5世紀後半以降も、主要武器が初葬の女
性、二番目以降の男性あるいは女性にも帰属する事例（図2）が散
見され、その埋葬原理が造墓期間を通じて基本モデルⅠのままであ
ることが裏付けられた（吉村 2011）。さらに同じ西諸県地域につい
ては、6世紀代に入っても、女性のみの埋葬（小林市大萩30号墓
[F-4号墓][1]）、初葬の女性に主要武器がともなう事例（小林市須木
上ノ原9号墓）があることなどから、6世紀代となっても父系（基

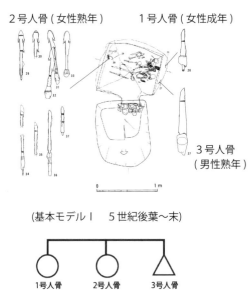

(基本モデル I　5 世紀後葉〜末)

図 2　立切 40 号墓　副葬品帰属（S=1/60）・被葬者の親族関係モデル（吉村 2016）・（田中ほか 2012）

本モデル II）には転換せず、双系の親族関係が維持されるとの見通しを示した（吉村 2011、田中ほか 2012）。

　その後、宮崎県内陸部、都城盆地（第 IV 地域）に位置する都城市菓子野地下式横穴墓群でも 2 例、被葬者構成モデルの復元と歯冠計測による分析にもとづき、親族関係の検証が行われた。2011-2A 墓・2B 墓では双系か父系かの絞り込みまでには至らず（田中・舟橋 2014）、1991-1 号墓では双系の親族関係であることを明らかにしたが、田中の基本モデル I にそのまま当てはまらない可能性も残されるとの結果が示された（舟橋 2017）。

2.　地下式横穴墓各造営地域の状況

　被葬者人骨、とくに歯冠計測分析にもとづいて親族関係を検証した墓群は少数であり、第Ⅱ地域以外の地下式横穴墓造営地域の親族関係の検証は途上にある[(2)]。

　父系の埋葬原理である基本モデルⅡでは、墓は成人男性の死を契機に造営される。したがって初葬は成人男性に限られる。主要な副葬品である武器はこの初葬の男性に帰属する（田中 1991）。ならば逆に、初葬が成人男性に限らず、また主要な副葬品の帰属が初葬男性のみに限定されなければ、その埋葬原理が双系の親族関係にもとづく基本モデルⅠの段階にあるとの推測が可能となる。先にその点に注目し、宮崎平野部（第Ⅰ地域）と内陸部の加久藤盆地（第Ⅲ地域）について検討し、両地域の地下式横穴墓を造営する社会の親族関係が、5 世紀後半以降も双系（基本モデルⅠ）にとどまるとの見通しを示した（吉村 2012a・2012b）。

　以下、先に詳しくみた第Ⅱ地域以外の状況を分布域ごとにみていきたい。なお、以下に示す地下式横穴墓の副葬品と帰属、造営時期[(3)]などの詳細は表 1 を参照願いたい。

(1)　第Ⅰ地域　宮崎平野部

　複数埋葬の地下式横穴墓で初葬が女性である事例に、6 世紀前半の宮崎県東諸県郡国富町六野原30号墓（図 3）（高椋・吉村 2018）、6 世紀代後半の国富町前の原 4 号墓、6 世紀末～7 世紀初めの西都市常心原 1 号墓（図 4）、同 5 号墓がある（吉

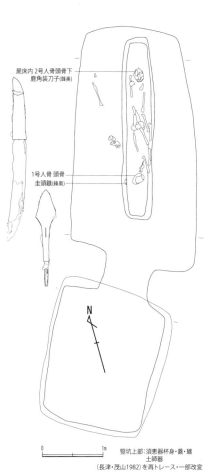

屍床内 2号人骨頭骨下
鹿角装刀子(鋒奥)

1号人骨 頭骨
圭頭鏃(鋒奥)

N

0   1m

竪坑上部:須恵器杯身・蓋・鰭
土師器
(長津・茂山1982)を再トレース・一部改変

図3 六野原 30 号墓 副葬品帰属（S=1/60）
（高椋・吉村 2018）

村 2012b）。また、初葬が未成人の事例に、国富町本庄 28 号墓（5 世紀後葉・末）（図 11）がある。これらは、常心原 1 号墓以外、初葬の被葬者（成人男性以外の女性／未成人）に主要な武器がともなう。

　初葬の被葬者以外が主要な武器をもち、その墓の代表者とみなされる事例には、6 世紀代の国富町市の瀬 9 号墓（小児 8 歳）がある。6 世紀前半とみられる市の瀬 5 号墓は、初葬が熟年男性、追葬が成年女性である。したがって、造墓の契機は男性にあるが、一方で、鏡、刀剣・鉄鏃の武器類を持つことでは両者は拮抗する。鉄鏃の量、また貝輪を持つ点では女性が男性を凌駕していて（図 5）、どちらがこの墓の代表者なのかは決め難い。一方、戦

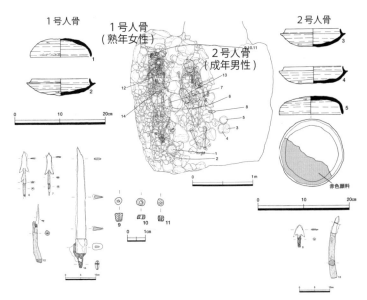

図 4　常心原 5 号墓 副葬品帰属（S=1/60）（吉村 2012b）より、一部改変

時中の調査で人骨の詳細情報は不明であるものの、埋葬状態と副葬
品の配置が報告に詳しく記されている六野原 5 号墓は、2 体埋葬
で、片方の被葬者に鹿角装飾剣、剣、刀、長頸鏃 4 ～ 5 が、もう一人
には剣 2、圭頭鏃 3、鹿角装刀子、鉄斧、鉇がともなう（図 6）（吉
村 2015）。両者の主要武器の質・量は拮抗しており、市の瀬 5 号墓
同様、初葬と追葬に格差が認められない。

　女性の単独埋葬においても、武器（鹿角装刀、圭頭鏃）をもつ事
例に東諸県郡綾町中迫 1 号墓（6 世紀前半）がある。

(2) 第Ⅲ地域　加久藤（えびの）盆地

　宮崎県えびの市島内地下式横穴墓群では、5 世紀後半以降築造の

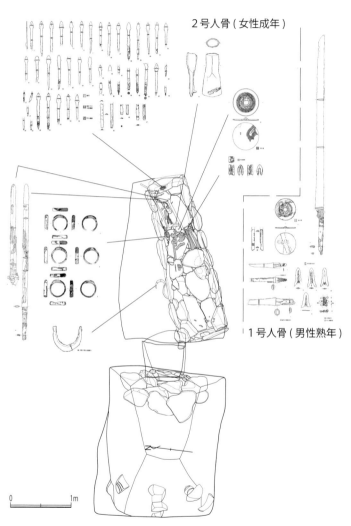

2号人骨 (女性成年)

1号人骨 (男性熟年)

0　　　　　　1m

図5　市の瀬5号墓 副葬品帰属（S=1/60）（吉村 2016）

地下式横穴墓で、初葬が女性の事例
に、16・39（図7）・63・119・137・
138・143号墓があり、未成人の事
例には、46号墓（若年）、110号墓
（9〜10歳）（図12）がある。これ
らの初葬者のうち、明らかに主要武
器がともない代表者と見なされるの
は、女性の39・119・137号墓と、
未成人の2基である。

　初葬以外の女性被葬者に主要武器
類がともなう例は、20・131号墓。
未成人では87号墓がある。

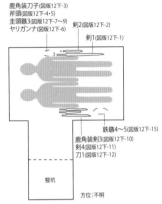

図6　六野原5号墓 被葬者・副
葬品帰属模式図（S=1/60）
（吉村 2015）

(3) 第Ⅳ地域　都城盆地

　この地域では、複数埋葬で女性が初葬の例はこれまでのところ明
らかではない。女性の単独埋葬で、武器類を副葬する事例に都城市
築池2001-3号墓、同2009-SX01号墓があるが、いずれも5世紀前
半代である。

　一方、造営時期が7世紀まで降る女性単独埋葬墓がある。築池
2003-2号墓（図8）である。

(4) 第Ⅴ地域　大隅半島志布志湾沿岸

　この地域の地下式横穴墓は埋葬情報の詳細が明らかな事例が乏し
かったが、近年、東九州自動車道（志布志IC〜鹿屋串良JCT間）
建設にともなう新規発見の地下式横穴墓群をはじめ、多数の調査が

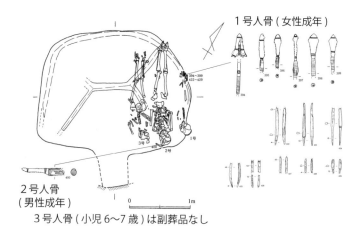

1号人骨(女性成年)

2号人骨
(男性成年)

3号人骨(小児6〜7歳)は副葬品なし

図7 島内39号墓 副葬品帰属（S=1/60）（吉村 2016）

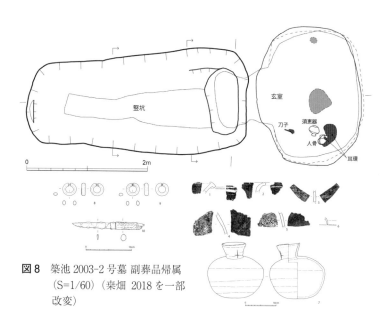

竪坑

玄室

刀子　須恵器

人骨

耳環

図8 築池2003-2号墓 副葬品帰属
（S=1/60）（棄畑 2018を一部
改変）

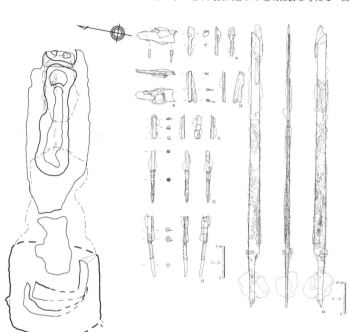

図 9　飯隈 24 号墓 副葬品帰属（S=1/60）
（内村・大野編 2018 を一部改変）

行われ、さらに、被葬者人骨の情報を含む詳細な報告書の刊行が相
次いでいる。こうしたことから、埋葬状況、被葬者に関する情報が
増加し、分析が可能となってきた。

　複数埋葬で初葬が女性の事例に鹿児島県曽於郡大崎町飯隈 21 号
墓がある。初葬が熟年女性で、追葬が女性？成人の 2 体埋葬であ
る。ただし、副葬品はなく時期は不明である。女性単独埋葬で武器
類を副葬する事例も複数認められる。塚崎 13 号墓（時期不明）、5
世紀前半の立小野堀 35 号墓、飯隈 23 号墓、5 世紀後半以降の飯隈
24 号墓（図 9）である。

3. 地下式横穴墓造営地域の親族関係の推定

　5世紀後半以降の地下式横穴墓において、複数埋葬の初葬が成人
男性ではない事例、主要な武器の帰属が初葬の女性あるいは未成人
である事例、また、2番目以降の女性被葬者にともなう事例、初葬
と追葬の被葬者で帰属武器類に格差が認められない事例のいずれも
が、第Ⅰ、第Ⅱ、第Ⅲ地域で認められた。

　第Ⅳ、第Ⅴ地域では、5世紀後半以降に造営された複数埋葬墓
に、初葬が成人男性以外の事例は今のところ確認できない。女性の
単葬墓では、第Ⅴ地域で武器をともなう事例が5世紀後半以降もみ
られる。一方、第Ⅳ地域では、武器副葬は認められないものの7世
紀に降る事例が認められた。

　したがって、5世紀後半以降、地下式横穴墓を造営する集団の親
族関係は、その分布全域で父系へは移行せず、古墳時代を通じて、
双系の親族関係を維持していたものと推定される（吉村 2012b）。

　なお、宮崎県内陸部の第Ⅱ地域（西諸県地域）・第Ⅲ地域（加久
藤盆地）については、前方後円墳は分布せず、高塚古墳も小規模な
円墳が認められるだけで、しかもその埋葬主体の多くは地下式横穴
墓である。したがって、両地域では社会全体が5・6世紀を通じて
双系の親族関係を維持していたものと考えられる（吉村 2012b）。

　一方、第Ⅳ地域（宮崎県内陸部・都城盆地）には、少数ではある
ものの前方後円墳を含む高塚古墳とともに造営される地下式横穴墓
群がある。志和池古墳群と重なる築池地下式横穴墓群もそのひとつ
である。第Ⅴ地域（大隅半島志布志湾）は5世紀代を中心に多くの

前方後円墳が築造される。ただし、前方後円墳を含む大型古墳の被葬者層の埋葬原理、親族関係を判断できる材料は両地域とも乏しい。したがって、両地域では地下式横穴墓を造営する集団は 5 世紀後半以降も双系の親族関係にとどまるとみられるが、その上位層の親族関係は明らかではない。

　第 I 地域（宮崎平野部）も、前方後円墳をはじめとする大型古墳が古墳時代を通じて築造されるが、やはり、その埋葬原理、親族関係を決定できる材料は乏しく、第IV・第V地域同様、地下式横穴墓被葬者より上位層の親族関係は明らかでない。

　六野原古墳群・地下式横穴墓群では、主要な副葬品の格差（鏡・甲冑の有無、刀剣・鉄鏃の質と量）から、高塚古墳、地下式横穴墓ともに 5 段階の階層構造に分けられる。先に親族関係が双系にとどまる根拠として取り上げた 5 号墓は、上から 2 階層目にあたる。最上位層は、副葬品に鏡と甲冑を保有し、長さ 5m 超の玄室、直径20m 以上の墳丘をともなう。8 号墓、10 号墓が該当し、いずれも首長墓に位置づけられる（吉村 2015）。しかし、残念ながら、この最上位層の墓の被葬者人骨情報は乏しく、その親族関係は明らかではない。六野原 8 号墓・10 号墓と副葬品内容と墓室規模が同様で、やはり 20m 以上の墳丘をともなう宮崎市下北方 5 号地下式横穴墓、西都市西都原 4 号地下式横穴墓という首長墓級の地下式横穴墓（福尾正彦分類の I-A-1 類［福尾 1980］）も被葬者情報に乏しく、やはり親族関係は明らかではない。

4. 地下式横穴墓における女性と未成人への武器副葬

(1) 女性への武器副葬

古墳に副葬される武器類には明瞭な性差が認められる。古墳時代を通じて、鏃・槍・矛は女性に副葬されることが少なく、甲冑は男性に帰属することなどが指摘されている（川西・辻村 1991、清家 1996・2010 など）。さらに、刀剣副葬において、男性被葬者との間に数量の格差が認められることなどから、古墳時代は女性首長の軍事権への関与は低く、女性兵士の戦闘への参加はなかったとされる（清家 1998・2004・2010）。

一方、南九州においては、鏃が女性被葬者にともなう事例が認められ（川西・辻村 1991）、その多くが地下式横穴墓である。その解釈を巡って、女性の武装、軍事への関与を認める立場（北郷 1994・2006、吉村 2012b）と否定する立場（清家 2004、橋本 2014）に分かれる。

吉村は地下式横穴墓における女性への鏃（鉄鏃・骨鏃）副葬は、数本がもっとも多いものの、5本以上、さらには市の瀬5号墓（32本）や島内113号墓（鉄鏃15本・骨鏃2本）（図10）などのように二桁を超える副葬例も認められることを指摘し（表1）、女性への鏃副葬の事実、武装単位と見なしうる束にまとめられた多量副葬例の存在が、地下式横穴墓の女性被葬者の武装と戦闘への一定程度の関与を示すものと論じた（吉村 2016）。また、戦闘指揮に関わる軍事権についても、他地域では、地域首長において5世紀中葉まで、小首長層においても6世紀中葉までに刀剣副葬が終焉する、中

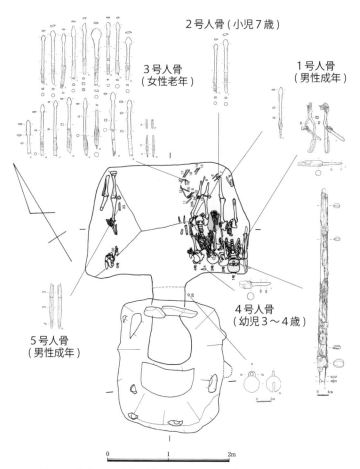

2号人骨（小児7歳）

3号人骨
（女性老年）

1号人骨
（男性成年）

4号人骨
（幼児3〜4歳）

5号人骨
（男性成年）

図10　島内113号墓 副葬品帰属（S=1/60）（吉村 2016）より

期において小首長の女性への副葬が1本にとどまる（清家 1998）
のに対して、地下式横穴墓では6世紀末の副葬例があること、中期
以降の女性への刀剣副葬例が、第Ⅰ地域と第Ⅱ地域併せて5例存在

表1　女性と未成人の武器副葬（吉村 2016 に加筆）

代表者欄：●＝墓の代表者。　　　　　　　　　　網掛：淡＝女性への武器副葬。濃＝未成年への武器副葬。
　　　　　▲＝代表者の可能性あり。

地域	墓名(別称)	時期	体数	代表	人骨番号	埋葬順位	性別	年齢	鉄鏃(骨=骨鏃)	刀剣類(括弧内は刃部長cm)	その他の副装品	備考
I	常心原1号(金倉上)	VI	3	▲	1	1	女	成年			耳環	帰属不明：方頭鏃2(1・2号人骨間)、須恵器平瓶
				▲	2	2か3	女	若年17~18歳	3以上(長頸)		刀子	
					3	3か2	-	小児				
	常心原5号	VII	2	●	1	1	女	熟年	2	刀(29.2)	刀子1、ガラス玉、須恵器(TK209)	
					2	2	男	成年	1		刀子、須恵器(TK209)	
	六野原30号	V	2	●	1	1	女	成人	1(主頸)			須恵器杯蓋・杯身・甑・甕(TK10)、土師器椀片・高杯片・壺片
					2	2	男	熟年			鹿角装刀子1	
	本庄28号(宋仙寺11号)	IV	2	●	1	1	-	若年12~13歳	8(片刃長頸6、柳葉1、平根1)	剣(33.4)	刀子	
					2	2	男	成年			刀子	
	前の原4号	V・VI		●	1	1	女	熟年	4	刀(約50)	ガラス玉100以上、刀子3、鉄斧	竪坑：須恵器(TK10)、土師器(6世紀後半)
					2	2	不明	成人			勾玉、管玉、水晶玉、砥石	
	市の瀬5号	V	2	●	1	1	男	熟年	4(平根)	刀(88)	蕨手文鏡、刀子3	帰属不明：骨製品、弓金具、朱玉出土
				▲	2	2	女	成年	32(長頸)	剣2(65.6/約48)	蕨手文鏡、鉄斧、鹿角製鞘尻装具、U字型鋤先、銅鏡、イモガイ製貝輪3	
	市の瀬9号	VI	4		1	2	男	熟年				帰属不明：鉄鏃2、土師器(玄室右前隅)耳環1対(2号か3号)
					2	3	女	成年				
				●	3	4	-	小児8歳	3(腸抉柳葉)	剣(28.5)	刀子2	
					4	1	-	小児9歳			切子玉8、小玉295	
	市の瀬10号	VI	5	●	1		男	成年	4(主頸3、腸抉柳葉1)	鹿角装刀2(55/14.5)	刀子、鉇、鑷子、針	帰属不明：鉄鏃6、弓金具、骨角器(玄室左壁前寄り)
					2		男	不明				
					3		女	成年	4(腸抉柳葉1、長頸3)			
					4		女	成年		鹿角装剣1		
					5		男	成年			鹿角装刀子1、	
	中迫1号	V	1	単独	1	1	女	成年	2(主頸)	鹿角装刀(60以上)	平玉361、玉(ペンダントトップ状)1、鉄斧、U字型鋤先、イモガイ製貝輪1	玉類は腰部から。竪坑中に土師器高杯片
	大萩30号(F-6)	VI	2		1	1か2	女	成年	いずれかに1			人骨番号照合不能
					2	1か2	女	成年			刀子	
II	大萩37号	IVかV	5		1	5	男	若年				2号か3号に帰属か：2群(主頸鏃2、刀子)、3群(主頸鏃2、長頸鏃1)、4群(剣1、主頸鏃2)
				▲	2	4	女	若年17~18歳				
					3	3	男	熟年				
				●	4	2	女	熟年	2(主頸)	鹿角装剣(50.5)	U字型鋤鍬先	
					5	1	男	成年				

代表者欄：●＝墓の代表者。▲＝代表者の可能性あり。
網掛：淡＝女性への武器副葬。濃＝未成年への武器副葬。

地域	墓名(別称)	時期	体数	代表	人骨番号	埋葬順位	性別	年齢	鉄鏃(骨=骨鏃)	刀剣類(括弧内は刃部長cm)	その他の副葬品	備考
II	日守8号(55-1)	II	3		1	3	男	熟年	2(主頭1)			人骨番号は人骨報告に従う。
					2	2	-	幼児				
				●	3	1	女	成年		短剣(18.0)	オオツタノハ製貝輪4	
	日守9号(55-2)	II	2	▲	1	1	男	成年	4(柳葉)	短剣2(17以上/25)	鉇、鍬先	帰属不明：主頭鏃5、刀子2、鍬先1(右壁棚上および落下)
				▲	2	2	女	熟年	6(柳葉・主頭)	剣(41)、短剣(21.1)	刀子、オオツタノハ製貝輪16	
	立切4号	III か IV	3	●	1	1	女	熟年	3(主頭)、鉄鏃?1	剣1、短剣(槍先)(17.4)	刀子3(鹿角装2)	
					2	3	男	熟年				
					3	2	男	成年	3(主頭)	鹿角装剣(44.4以上)	鹿角装刀子3、鉇1	
	立切6号	III か IV	3	▲	1	1	男	熟年				右棚上2号人骨直上：鹿角装柄1、主頭鏃3
				▲	2	2	男	熟年				前壁棚上右：刀子1
					3	3	女	成年	3(主頭)		刀子2	
	立切35号	III	4	●	1	1	-	若年13歳		刀(74.4)、鹿角装剣2(35.5/19.8)	蕨手刀子2、刀子2	帰属不明：主頭鏃2(左棚上2～4号足許)
					2	2	女	成年			イモガイ製貝輪6、白玉100以上	帰属不明：主頭鏃1(左棚落下床面2号人骨足許)
					3	3	女	熟年			鉄斧1	
					4	4	女	熟年				
	立切38号	III	5		1	1?	女	成年				帰属不明：主頭鏃5、刀子2(右棚上前隅)
				▲	2	2?	男	熟年		剣(32.6)		
					3	3?	男	成年				帰属不明：鹿角装刀子1(左棚上1cmほど左角天井部)
				●?	4	4?	女	成年		刀(75.4)		
					5	5?	不明	成年				
	立切40号	IV	3		1	1	女	成年			刀子1	
				●	2	2	女	熟年	9(長頭)			
					3	3	女	熟年			刀子1	
	立切63号	II か III	5	●	1	1	女	成年	6(主頭)	剣(14以上)、鹿角装剣(30.1)	刀子2	右棚上2号人骨直上：刀子1
					2	2	-	幼児5歳			鉄鉇1	右棚上2号・3号人骨直上：剣1、主頭鏃2
					3	3	男	成年				右棚上前半：剣1、刀子2
					4	4	男	熟年				
					5	5	女	熟年				
	立切64号	III	5	●	1	1	男	老年		剣(28以上)		
					2	2	-	小児10歳			刀子1、オオツタノハ製貝輪2	帰属不明：刀子4(右棚上、4か5号人骨上)
					3	3	女	熟年				
					4	4	女	熟年				
					5	5	-	幼児3歳	1(主頭)			

代表者欄：●＝墓の代表者。
▲＝代表者の可能性あり。

網掛：淡＝女性への武器副葬。濃＝未成年への武器副葬。

地域	墓名（別称）	時期	体数	代表	人骨番号	埋葬順位	性別	年齢	鉄鏃（骨=骨鏃）	刀剣類（括弧内は刃部長cm）	その他の副装品	備考
II	旭台12号	II か	5	●	1	1	女	成年	2（主頭1）		刀子2	
					2	2	女	成年～熟年				帰属不明：鉄鏃1
					3	3	男	成年半ば				
					4	4	男	成年前半				
					5	5	男	熟年後半				
	須木上ノ原8号	?	1	●	1	1	-	若年16歳前後	2（主頭）			報告に鉄鏃実測図・写真なし
	須木上ノ原9号	III か IV	3		1	3	男	熟年		剣（49）		人骨番号は人骨報告に従う。右壁面：刀子
					2	2	男	熟年				
				●	3	1	女	成年	3（主頭）	鹿角装剣（42）、剣（45）	白玉、竪櫛	
	東二原8号	V か VI	3	▲	1	1	女	熟年	2（主頭1、柳葉1）		刀子1、イモガイ製貝輪4	帰属不明：刀1（右棚上2号直上、1号か2号）帰属不明：長頭鏃5、骨鏃20（3号頭骨奥、2号人骨手前）
				▲	2	2	女	熟年				
					3	3	男	熟年			刀子1	
III	灰塚7号	?	1	単独	1	1	女	熟年		剣（15.7以上）		
	島内16号	IV か V		▲	1	1	女	熟～老年	3（主頭）			
				▲	2	2	男	熟年	5（長頭）			
	島内20号	V か VI	5		1	2	不明	不明				
					2	3	不明	成年前半			刀子	
					3	4	-	若年			刀子	
					4	5	男	若年	2（主頭）、骨19			
				●	5	1	女	成年	11	鹿角装剣（65以上）	刀子	
	島内21号	IV	3	●	1	1	不明	成年	16（長頭）	横矧板鋲留短甲、横矧板鋲留衝角付冑、蛇行剣	鉄斧、刀子、鈍	帰属不明：蛇行剣1（1号か3号）、主頭鏃2（1号か3号）
					2	3	女	成年		蛇行剣	刀子	
					3	2	不明	成年				
	島内28号	?	2		1	1	女	熟年		剣（29）	刀子2	
					2	2	男	成年				
	島内30号	?	1	単独	1	1	女	成年	1		刀子	遺物紛失
	島内35号	II	4		1	1	女	熟年	4（柳葉1、腸抉三角3）		イモガイ製貝輪8	帰属不明：短剣1（右壁沿い。2号か3号）帰属不明：柳葉鏃3（右壁沿い前寄り。3号か4号）
				▲	2	2	不明	成年				
				▲	3	3	-	幼児5歳前後				
					4	4	男?	成年				

代表者欄：●＝墓の代表者。
　　　　　▲＝代表者の可能性あり。　　　　　網掛：淡＝女性への武器副葬。濃＝未成年への武器副葬。

地域	墓名（別称）	時期	体数	代表	人骨番号	埋葬順位	性別	年齢	鉄鏃（骨=骨鏃）	刀剣類（括弧内は刃部長cm）	その他の副装品	備考
III	島内36号	II	4	●	1	1	-	若年15〜17歳	2（主頭）	剣（24.4）		
					2	2	不明	成年〜熟年				
					3	3	不明	成年				
					4	4	不明	成年	2（主頭1、柳葉1）			
	島内39号	II〜IV	3	●	1	1	女	成年	6（無茎1、柳葉1、主頸3、長頸1）、骨4〜8			
					2	2	男	成年			刀子	
					3	3	-	小児6〜7歳				
	島内46号	VI	3	●	1	1?	女	若年16〜18歳	4（三角形1、方頸2）	鹿角装刀（26以上）		
					2	3?	不明	成人			刀子	
					3	2?	女	成年			刀子	
	島内50号	V	6		1	1〜4	不明	不明				蛇行剣、鉇：3号か4号に帰属
					2	2〜5	不明	成年	2（腸抉三角1、長頸1）			
				▲	3	3〜6	女	熟年	4（主頭2、長頸2）			
					4	3〜6	不明	熟年				
				▲	5	2〜5	-	小児9〜10歳	1（主頭）	短剣（26）	刀子	
					6	1〜4	不明	成年				
	島内52号	?	3		1	1	女	成年				
				▲	2	2	女	若年16〜17歳	いずれかに骨3			
				▲	3	3	女	成年				
	島内58号	II	2		1	1	女	若年18〜20歳	5（主頭2、柳葉1、腸抉柳葉1）			
				●	2	2	男	熟年		鉄鉾		
	島内63号	IVかV	7		1	1	女	成年				3・4号と6・7号には関係性無し。3号か4号：刀（3・4号間）、骨27（4号足許）、刀子（3・4号間）帰属不明：長頸鏃13〜15、鉇（右壁沿い1・2号間）
					2	2	男	成年	2（主頭）			
				▲	3	5?	男	成年				
				▲	4	6?	女	熟年				
					5	7	-	小児?				
					6	4?	女	成年	1（長頸）			
				▲	7	3?	女	若年		剣（51）		
	島内77号	IV	4	●	1	1か2	男	成年	16以上（長頸15以上、主頭1）	刀	胡籙、刀子	
					2	2か3	男	成年				
					3	3〜4	女	成年	2（長頸鏃1）			
					4	1〜4	女	熟年	1（腸抉三角）	剣（35.5）		

代表者欄：●＝墓の代表者。　▲＝代表者の可能性あり。　　　　網掛：淡＝女性への武器副葬。濃＝未成年への武器副葬。

地域	墓名(別称)	時期	体数	代表	人骨番号	埋葬順位	性別	年齢	鉄鏃(骨=骨鏃)	刀剣類(括弧内は刃部長cm)	その他の副装品	備考
Ⅲ	島内85号	ⅡかⅢ	3		1	1	女	成年				
					2	2	男?	成年				
				●?	3	3	-	幼児	4(圭頭2、重抉三角2)	剣(58)		
	島内87号	Ⅵ	2		1	1?	男	熟年	12(三角形)		刀子	1号人骨骨盤に骨鏃剌さる。長頸鏃棘関。
					2	2?	-	小児5～6歳	4(長頭)		鹿角装刀子	
	島内97号	ⅢかⅣ	3	▲	1	1	不明	成年				1号か2号：圭頭鏃2(1・2号頭部間)
				▲	2	2	男					
				▲	3	3	女	熟年	2(主頭)			
	島内110号	Ⅴ	4	●	1	1	-	小児9～10歳	2(主頭1)	短剣(20)	刀子	
					2	2	男	若年18～20歳				
					3	3	-	成年	2(主頭1、柳葉1)			
					4	4	男	熟年	4(三角3、長頭1)		刀子	
	島内113号	ⅤかⅥ	5	●	1	1	男	成年	1(長頭)	刀(61.1以上)	刀子、鑷子	
					2	2か3	-	小児7歳	2(長頭)			
					3	3か4	女	老年	15(長頭)、骨2			
					4	4か5	-	幼児3～4歳			刀子	
					5	1～5	男	成年	1(長頭)、骨1			
	島内115号	Ⅴ	5	▲	1	1か2	女	成年			イモガイ製貝輪2	帰属不明：馬具(轡・辻金具)、衡角付冑(右奥：1～3号)、刀1(2・3号間)
					2	2か3		小児6歳			刀子2	
				▲	3	3か4	男	熟年	7(主頭6、長頭1)	鹿角装短刀1		
					4	4か5		若年15～16歳	1(長頭)		錫製耳環1対	
					5	1～5		熟年		刀(24.5以上)	刀子1	
	島内119号	Ⅵか	4	●	1	1か2	女	成年	13(腸抉柳葉)	刀(49.5)	鑷子	帰属不明：鉄鏃2(玄室奥中央)
					2	2か3	-	小児8～9歳	4(腸抉柳葉・三角)			
					3a	1か2	-	小児8～9歳				
					3b		-	幼児2～3歳			刀子	
	島内123号	ⅤかⅥ	4	●	1	1～3	男	熟年		刀(33.6)		3号人骨は4号人骨の一部である可能性あり。
					2	2～4	女	熟年			耳環	
					3	2～4		未成年	3、骨15～19			
					4	1～3		小児6～12歳	1		刀子	

代表者欄：●＝墓の代表者。　　　　　網掛：淡＝女性への武器副葬。濃＝未成年への武器副葬。
　　　　　▲＝代表者の可能性あり。

地域	墓名（別称）	時期	体数	代表	人骨番号	埋葬順位	性別	年齢	鉄鏃（骨＝骨鏃）	刀剣類（括弧内は刃部長cm）	その他の副装品	備考
III	島内131号	Vか VI	4		1	1	男	成年後期				3号人骨左下肢中央に赤色顔料粗粒塊。
				●	2	2	女	成年	3（腸抉三角2、変形1）、骨6	小刀(19.5)		
					3	4	不明	若年13～15歳			イモガイ製貝輪、刀子、錫製耳環1対	
					4	3	不明	幼児3歳	2（長頸）		錫製耳環1対	
	島内137号	Vか VI	4	●	1	1～3	女	成年	6（方頭1、三角3、圭頭1、短茎1）、骨18前後		玼、鹿角装刀子	
					2	2～4	女	成年			朱玉状塊	
					3	2～4	女	成年後期			鹿角装刀子、朱玉状塊	
					4	2～4	不明	幼児			イモガイ製貝輪3	
	島内138号	Vか VI	4		1	1～3	不明	成人			鹿角装刀子	
					2	2～4	不明	熟年				
					3	1～3	男	成年後期	1（長頸）		鹿角装刀子	
				●	4	2～4	女	成年	1（長頸）、骨10		用途不明鹿角製品、鹿角装刀子	
	島内140号	Vか VI	3		1	1～3	不明	成人			鹿角装刀子	
				●	2	1か2	不明	幼児3～4歳	2（長頸1、三角1）		鹿角装刀子、錫製耳環1対	
					3	2か3	不明	幼児			鑷子、鹿角装刀子2	
	島内143号	IVか V	6		1	2～5	女	成年				
					2	3～6	不明	小児7歳	2（長頸）		鹿角装刀子	
					3	2～4	男	熟年				
					4	3～5	不明	成人				
				●	5	4～6	不明	成年	3（圭頭2、腸抉三角1）	蛇行剣(36.2)	鹿角装刀子、鉄鐸（1組6個）	
					6	1	不明	不明				
	島内147号	?	1	単独	1	1	女	成年		小刀(19.1)		
	島内148号	III～V	3		1	1	女	成年後期	3（圭頭）		鹿角装刀子	
				●	2	2	不明	成年		剣1(75)		
					3	3	男	成年後期	2（圭頭）			
	島内152号	IV	3	▲	1	1～3	不明	不明	5（長頸）	鍔付刀(48.1)	馬具（轡、金銅製飾金具2、鉄地金銅張飾金具4、鉸具）、弓（弓飾金具3）	竪坑：土師器高坏（丹塗）6、須恵器杯蓋2・杯身7・横瓶1・甕1（破砕）、敲石1
					2	1か2	女	老年				
				▲	3	2か3	女	成年	18（平根片腸抉）、骨1	鍔付大刀(63.2)	弓痕跡（玼）	
IV	築池2001-3	II	1	単独	1	1	女	成年	3（圭頭2、短茎1）、骨6	剣(61)	獣骨製鞘留	
	築池2009-SX01	II	1	単独	1	1	女	成年	5（圭頭3、方頭1）	刀(34.3以上)	鑷轡、勾玉、管玉、ガラス小玉、刀子	

代表者欄：●＝墓の代表者。　　　　　　　網掛：淡＝女性への武器副葬。濃＝未成年への武器副葬。
　　　　　　▲＝代表者の可能性あり。

地域	墓名（別称）	時期	体数	人骨					遺物			備考
				代表	人骨番号	埋葬順位	性別	年齢	鉄鏃（骨＝骨鏃）	刀剣類（括弧内は刃部長cm）	その他の副装品	
V	塚崎13号		1	単独	1	1	女	熟年		剣（21.5）	刀子、不明鉄製品	
	立小野堀35号	II	1	単独	1	1	女	成年	2（主頭）			
	飯隈23号	II	1	単独	1	1	女	成年	1（主頭）	剣（22）、刀（58.6）	刀子、異形鉄器	
	飯隈24号	IV～	1	単独	1	1	女	成年後期	5（長頭）	刀（71.0）	刀子	

【地域区分】 Ⅰ：平野部、宮崎平野部　Ⅱ：内陸部、西諸県地域　Ⅲ：内陸部、えびの・大口盆地　Ⅳ：内陸部、都城盆地・北諸県地域　Ⅴ：平野部、大隈半島志布志湾沿岸

することから、地下式横穴墓を造営する社会では、女性が軍事権に‘一定程度’関与した可能性を指摘した（吉村 2016）。

　これに対して、橋本達也は「武器の数量に意味があるにしても、それが戦闘の存在を示すものであるのか、筆者は武器・武装が社会の中で果たす役割にはいまだ検討の余地がある」と再度、疑問を呈した（橋本 2020）。しかしながら、古墳発掘において、被葬者人骨が遺存せず（性別などの人骨情報がなく）、副葬品に武装単位と見なしうるほどの鉄鏃（矢）の束など武器類が認められる場合、一般的に、被葬者に武人的な性格があるとの解釈がなされるであろう。上記の見解には再度反論するものである。

（2）未成人への武器副葬

　未成人への武器副葬は、第Ⅰ・第Ⅱ・第Ⅲ地域で、5～6世紀を通じて認められる。年齢層は幼児から若年までである。

　若年は、単独埋葬の須木上ノ原8号墓と5体埋葬の島内115号墓4号人骨を除き刀剣をともなう。刀剣をともなう事例は若年に限らず、市の瀬9号墓、島内110号墓（図12）などのように幼児・小

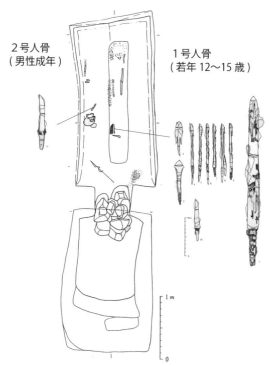

図 11　本庄 28 号墓 副葬品帰属（S=1/60）（吉村 2016）

児でも副葬品の優位性からその墓の代表者とみなすことができる。
副葬数は、立切 35 号墓で 3 振（刀 1・鹿角装剣 2）であるほかはみ
な 1 振である。

　一方、鏃（鉄鏃・骨鏃）は 4 本までの副葬が大半だが、国富町本
庄 28 号墓では 8 本（図 11）、さらに島内 123 号墓 3 号人骨では 18
〜 22 本（鉄鏃 3、骨鏃 15 〜 19）と 20 本前後を数える。なお、未
成人への鉄鏃副葬については、数本に限られ 10 本を超えることは

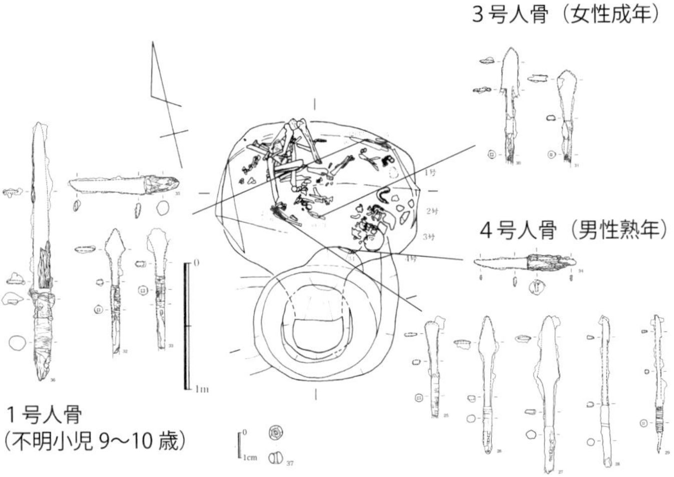

112

図12 島内110号墓 副葬品帰属 (S=1/60) (中野編 2010を一部改変)

なく、大量副葬は成人に限られる現象であると指摘されている（清家 1996）が、ここでは異なる現象が看て取れる。

　上記のように、刀剣をともなう未成人は年齢に関わらず墓の代表者とみなされる。若年の被葬者は10代という年齢からすでに家長となった可能性が考えられる。一方、代表者とみなされる幼児・小児は将来家長となることが認定されていたと推定する（吉村 2016）。

　5世紀後半以降、ひろく西日本において親族関係が双系（基本モデルI）から父系（基本モデルII）へ移行するなか、宮崎県内陸部の西諸県地域（第II地域）では歯冠計測分析を含む検討から、双系の親族関係が維持されることが明らかにされている。他の造営地域

においても、複数埋葬墓における初葬者の性別・年齢、主要武器の帰属などの検討から、第Ⅱ地域と同様に古墳時代を通じて双系の親族関係が維持されたとの見通しを示した。

　地下式横穴墓における女性への武器副葬の検討から、地下式横穴墓を造営する社会において、女性が武装、軍事へ‘一定程度’関与したと推定した。列島他地域の動向とは逆のこのあり方は、双系の親族関係にもとづく社会構造ゆえであると考える。『続日本紀』文武4（700）年6月庚申条にみえる、文武2（698）年の覓国使剽劫事件において、薩末比売・久売・波豆という女性首長が指揮を執ったことを示す記述がみられる。8世紀初めのことであり、襲撃場所も地下式横穴墓分布域より西の川内川下流域とされるが、地下式横穴墓造営域の社会構造を推定する上で示唆的である（吉村 2016）。

〈付言〉本稿は日本考古学協会2022年度福岡大会の発表要旨（吉村 2022）を加筆修正したものである。紙幅の都合上、挿図引用にかかるものを除き、個別の発掘調査報告書名の掲載は割愛した。

註
(1) 墓の名称は「〇号地下式横穴墓」と地下式を入れるのが正式であるが、長く、煩雑となるので、以下、「〇号墓」と「地下式横穴」を外して記述する。
(2) 科学研究費基盤研究（B）「国家形成前段階における親族構造の地域的変異に関する研究─九州南部を中心に─」（研究代表者：岩永省三）などにおいて、宮崎県えびの市島内地下式横穴墓群の分析を進めている。
(3) 第1表に記した時期区分の基準はおよそ以下の通りである。Ⅰ期：短頸鏃出現以前、大形平根系鉄鏃が盛行する以前の段階。前期末・中期初頭（5世紀初めまで）／Ⅱ期：短頸鏃・大形の平根系鉄鏃の出現、高

木分類の大形の B1（圭頭広根斧箭式）の出現段階。須恵器 TK73・216
型式。中期前半期（5 世紀前半）／Ⅲ期：鉄鏃頸部が伸長、一部で長頸
鏃（川畑分類の長頸 A1・B1）が出現。須恵器 TK216・208 型式。中期
中頃（5 世紀中頃）／Ⅳ期：長頸鏃の定型化（川畑分類の長頸 A2・
B2）。須恵器 TK23・47 型式。中期後葉・末（5 世紀後葉・末）／Ⅴ
期：MT15・TK10 型式。後期前半（6 世紀前半）／Ⅵ期：TK43 型式。
鉄鏃で棘箆被の出現。後期後半（6 世紀後半）／Ⅶ期：TK209・217 型
式。後期末以降（6 世紀末〜 7 世紀前半）

(4) ここでの年齢区分は、乳児（0〜1 歳）、幼児（1〜6 歳）、小児（6〜12
歳）、若年（12〜19 歳）、成年（20〜39 歳）、熟年（40〜59 歳）、老年
（60 歳以上）である（九州大学医学部解剖学第二講座編 1988）。

（吉村和昭）

第5章　須恵器生産と氏族認識

　手工業生産の展開においては、技術の伝習・継承は重要な役割を
果たしている。古代国家の成立過程では、律令制下の諸生産の淵源
や、その展開過程が重要な論点となるが、律令期まで続く生産を可
能にした技術の継承システムを論ずることが必要となる。とりわ
け、生産を職掌とする部民の成立やその部民を管掌する伴造氏族の
活動など、王権への奉仕を建前として列島に広がる現象を把握する
ことが必須である。土師氏が埴輪作り、石作氏が石棺作りを奉事根
源としていたように、王権への奉仕は氏族認識とも大きく関わって
いる。考古学からのアプローチとして、諸生産の継続性を当時の親
族組織とも関連づけ、職掌をもつ家族の系譜をあぶり出す検討が求
められよう。本章では、考古学的に生産遺跡の把握が容易である須
恵器生産を主たる対象として、生産の継続と技術の継承という観点
から生産者の親族構造と氏族認識を考えることにしたい。

1.　須恵器生産の展開と古代家族

　古墳時代の親族組織について歯冠の分析をもとに検討した田中良
之は、須恵器生産についても言及している。6世紀後半を中心に操
業した福岡県宗像市の須恵須賀浦遺跡を材料に、須恵器窯の廃絶直

116

B区西

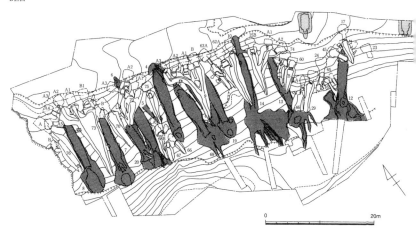

B区東

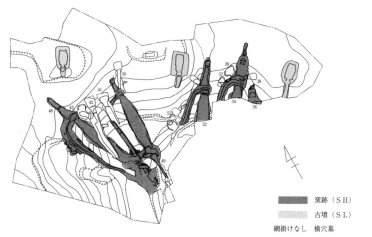

窯跡（ＳＨ）
古墳（ＳＬ）
網掛けなし　横穴墓

図 1　須恵須賀浦遺跡の窯跡と横穴・古墳

後にその近くの空閑地に横穴墓が営まれる現象に注目し、その横穴墓の展開過程が大分県中津市上ノ原横穴墓群と共通することから、須恵器生産においても父系に傾きつつある家族を基礎とする経営であると考えた（田中 1995）。そして、「須恵須賀浦遺跡の事例は、須恵器の工人集団の墓である可能性が強く、しかも窯と横穴墓の小群が対応することからみて、個々の窯の操業単位＝経営単位がやはり家長が率いる家族集団であった可能性を強く示す」と結論づけている。古墳時代後期において父系へと傾斜する家族による窯の経営を想定しており、須恵器生産の継続性の背景として重要な指摘になる。その後の研究では、古墳時代後期に双系的な家族が残ることが清家章により指摘されており、父系への傾斜を技術継承の前提として即断することはできないが（清家 2018）、この時期に確立しつつある部民制の実態を考えるうえでも重要な論点になる。

　この須恵須賀浦遺跡は、窯業従事者の問題を扱ううえでたいへん貴重な材料であり、その後も岡田裕之や原俊一により子細に検討されている。彼らにより、窯跡 20 基と横穴墓 77 基が存在する B 地区について空間的な分析が行われ、須恵器窯が操業を終えた後に近接地さらには窯跡を利用して横穴墓が設けられる過程を示し、おおむね 6 つの区域について順次この関係がみられることを明らかにしている（岡田・原 2004）。窯の従事者がその場所に葬られるという関係が場所を移して続いていくとみられ、窯の操業停止後もしばらくは横穴墓が造られていくことから、窯場を他所に移動した後も墓域として利用され続けた可能性が考えられる。窯と横穴墓との明確な対応から、家族経営による須恵器生産が世代を超えて続いていくことが裏付けられ、技術の継承を可能にした要因であると想定でき

118

る。岡田らの分析では、さらに窯と家族との関係を探る検討が進められ、窯と横穴墓の対応関係から、窯1基について2〜3家族を操業単位とする考えが示され、またその分節運動が新たな窯を成立させていくというプロセスが明らかになった。こうした窯に従事する個々の家族を戸籍の房戸と捉え、それが2〜3戸集まる郷戸を単位とする生産集団が想定されている。岡田はその後の検討で、須恵須賀浦窯跡群のような集約的な生産地と牛頸窯跡群のような大規模な窯跡群の支群のあり方とを比較し、窯とそれを経営する2〜3家族という対応が、牛頸窯跡群の支群では広がりをもって展開すると考えている（岡田 2010）。

　須恵須賀浦窯跡群は窯と墓の関係がわかる例であったが、さらに工房・住居を含めて須恵器生産者を捉えられる例として兵庫県三田市平方遺跡が挙げられる（篠宮ほか 1993）。ここでは、6世紀後葉の3号窯、竪穴建物 SH12、掘立柱建物 SB2 が近接して設けられ、窯と工房のセットとして把握できる（図2）。続いて1号窯、2号窯とそれに対応する竪穴建物が設けられるが、その付近に墓である木心粘土室墓2基も築かれている。この墓に葬られた人々、おそらく家族によって生産が継続的に行われていたと推測でき、ここでは窯1基に対して墓1基が対応し、1家族を基本とする生産組織のなかで技術が継承されていることが示される。平方窯跡群は継続性がうかがえない生産地であったが、このことと窯の経営にあたる家族の少なさが相関する可能性がある。

　同時期の窯と墓が近接して発見される例は、むしろ稀であり、上述した事例は貴重な検討材料である。広大な範囲に及ぶ大阪府堺市・和泉市を中心とする陶邑窯跡群においても、陶器千塚や信太山

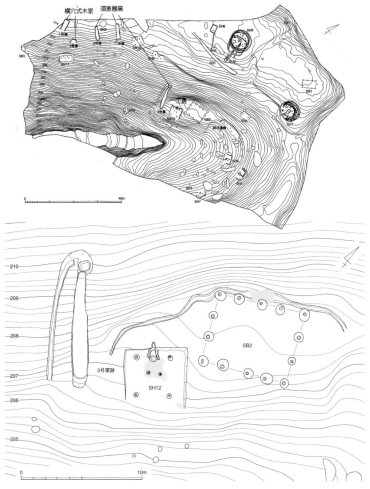

図 2　平方遺跡の窯跡、工房、横穴式木室（拠：篠宮 1993）

120

丘陵の古墳群など、須恵器生産に関わる人々の墓域が存在すること
は知られているが、窯との対応を直接的に探ることができる状況に
はない。したがって、墓を手がかりに生産者の系譜を探る作業は限
界があるので、須恵器生産の展開過程を窯跡からたどる作業を軸と
して、生産の継続性や技術の継承についての検討を進めることにし
よう。

　須恵器生産における技術伝承を詳細に見ていくうえで、より継続
性が高い生産地について分析することが不可欠である。そのために
は分布調査によって窯の時期的推移が明確に把握されている窯跡群
が良好な資料となる。兵庫県丹波市 鴨庄 窯跡群はその好例であ
り、開発による損壊が少ないうえに徹底的な分布調査が繰り返し行
われてきた結果、須恵器生産の変遷をかなり正確にたどりうる
（東 2016）。東昭吾の調査成果を参照すると、7世紀前半から9世
紀前半にかけては、時期を同じくする窯が近接して設けられ、それ
が全体として少しずつ場所を移していく様子が鮮明である（図3）。
鴨庄川の河谷の入口部に位置する南地区に創始し、岩戸谷、上牧谷
と奥へ進み、再奥部の北奥地区に至る展開を遂げている。結果とし
ては広範囲に窯跡が分布することになるが、時期ごとに見てみる
と、きわめて限られた範囲に窯の分布が集中し、あたかも示し合わ
せたかのように土地利用を図っていることがうかがえる。こうした
ことから、少数の生産者が窯を築く場所を限定しつつ、漸移的に谷
奥へと移動した経緯が読み取れる。また、8世紀前半から後半にか
けて、同時期の窯の基数が増える状況が看取できるが、これは岡田
が指摘したような、工人家族の分節運動による生産者の増加を物
語っているのであろう。鴨庄窯跡群では8世紀前葉から中葉にかけ

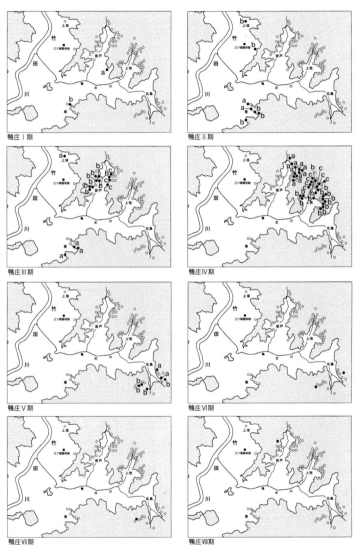

図3　鴨庄窯跡群の変遷（ a 、 b 、 c は各期の小期を表す。拠：東 2016）

122

図4 湖西窯跡群の最盛期の窯跡分布と群別（拠：後藤 2015）

て輪状つまみをもつ蓋が継続的に生産され、同時に宝珠つまみをも
つ杯蓋については、中心が突出する特徴が9世紀まで維持されるな
ど、窯跡群の個性ともいえる特徴が維持されている。このように生
産された器に窯跡群の個性が保持されることからも、家族による技
術の継承を図りつつ生産を継続した状況が復原できる。

　より規模の大きな窯跡群では、さらに複雑になることが予測され
る。静岡県湖西市を中心に分布する湖西窯跡群の消長を子細に検討
した後藤建一は、6世紀後半から継続的な生産が行われる中で、地

域の人名が残される稀有な史料である「天平十二年遠江国浜名郡輸
租帳」との対比を行った。この史料に登場する新居郷に湖西窯跡群
の東端（II区）の窯群が含まれると考え、この窯群で中核をなす窯
場 3 カ所が「天平十二年遠江国浜名郡輸租帳」に表れる新居郷の 3
戸の神 直に対応することを推測している（後藤 2006）。さらに湖
西窯跡群の中心域であるIII区については史料には残らない大神郷に
属すると推測し、その中で 10 カ所ほどの中核的な窯場を見出すこ
とができることから、新居郷の場合と同じく主要な戸による経営を
考え、それらも神直であったと推測している（後藤 2015）。同時に
数多くの家族が須恵器生産に従事している様子がうかがえるととも
に、固定的な窯場と周辺の臨時的な窯場が存在することが示されて
いる。こうした巨大で複雑な生産地と比較すると、鴨庄窯跡群がよ
り少数の家族による単純で一系的な展開であると評価できる。

2.　須恵器生産の消長と部民制

　上述した鴨庄窯跡群のようにほとんど破壊を蒙らなかった窯跡群
は稀少ではあるが、分布調査によって窯の推移の検討は各地で行わ
れてきた。その結果、窯跡の把握が進んだことにより、列島各地の
須恵器生産の消長について詳細な検討が可能になってきた（菱
田 2007、窯跡研究会 2010）。
　まず須恵器伝来にともなって成立する初期の窯跡が西日本各地に
成立し、その後、陶邑の須恵器が規範となりながら 5 世紀後葉から
6 世紀前葉にかけて各地に多くの窯跡が成立することが判明する。
ただし、この時期の生産地は、短命で終息するところも多く（山

田 1998、藤原 2010）、安定して生産が継続するのは尾張地域など
わずかである。先に触れた須恵須賀浦窯跡群が属する宗像窯跡群で
は、日焼原窯跡が5世紀後葉に成立しているが、世代を超えて操業
が行われるのは、須恵須賀浦窯跡群からとみられ、6世紀に入って
からである。TK23型式〜TK47型式に成立する地方窯と、MT15
型式期に成立する地方窯には違いがみられることが指摘されている
が（岩越 2018）、後者では、石川県小松市・加賀市の南加賀丘陵窯
跡群や滋賀県野洲市・竜王町の鏡山窯跡群など、継続的な展開がみ
られる場合が多いことも相違点に挙げられる。

　そして、6世紀後半ごろから改めて各地で須恵器生産地の増加が
みられ、その中には7世紀、8世紀を通して生産を継続する窯場も
多く存在する。もちろん、この時期にも単発の窯跡も多く存在し、
また、その継続的な生産の開始期にも6世紀中頃から7世紀前半ま
での間で時期差が存在している。ただし、近年の成果では、これま
で継続的な須恵器生産地が発見されていなかった山梨県内において
も、6世紀末からの須恵器生産が、韮崎市御座田遺跡の調査で判明
したように（渋谷 2021）、各地で生産の継続性が次第に明らかにな
りつつある。このように、律令期の各地の生産を支えた窯場の操業
が評制成立以前に遡ることは重視すべき事実といえる。

　須恵器生産が地域において安定的に継続することは、律令制下の
生産体制につながる意義をもつという観点から、須恵器生産の定着
過程は国家形成の内実を明らかにするうえで重要なバロメータとな
る。そうした点から、列島の南北の両端の地域での動向が重要な意
味をもつことになる。

　東北地方の須恵器窯の消長については、各窯ごとの検討が蓄積さ

れており、多くの窯の動向が明らかになっている。そのうえで、東北地方への須恵器生産の広がりについては、菅原祥夫が詳細に検討を進めており、国家の東北経営と関連付けて把握が行われている。5世紀代には仙台市大蓮寺窯や福島県西白河郡泉崎村泉崎窯が造られ、いち早く須恵器生産が到達するが、いずれも短命であり、その後に空白の時代を迎える。そして、7世紀に入ると福島県相馬郡新地町善光寺窯跡群のように継続的に須恵器生産が行われる生産地が、まず国造設置領域に登場する。8世紀になると城柵の設置にともなって継続的な須恵器生産地が大崎平野以南の陸奥国内に成立する。出羽国も同様に城柵にともなうように飛び石的に須恵器生産地が確立している。9世紀には、城柵の北進とともに須恵器生産地も北上するほか、9世紀後半には国家領域外にあたる青森県五所川原市五所川原窯跡群が成立し、継続的な生産を行うようになっている。また、窯体の構造に注目すると、陸奥国側が地下式窖窯であるのに対し、出羽国側が半地下式窖窯であるが、9世紀以降、窯の北進にともない、半地下式が陸奥北部に到達するなど、律令国の枠組みを超えた技術の広がりがみられるようになると菅原は指摘している。

　このような展開過程からは、継続的な須恵器生産を可能にするのは、もちろん土や燃料といった自然要因も挙げられるが、やはり技術をもつ人の問題が大きかったと結論づけられる。技術をもった人々の移住だけでなく、その後の世代に継承していくシステムが備わって始めて長期的な須恵器生産が可能になったのであろう。技術の継承過程の背景として、国家の東北経営がうかがえるという点で東北地方の須恵器生産がもつ意義は大きいが、一方で、国家領域外

での継続的な須恵器生産の開始にも目を向ける必要がある。五所川原窯跡群が成立する9世紀後半には、陸奥国内において福島県会津若松市の大戸窯跡群などのように、次第に大規模化し特産品としての須恵器を生産する産地が成長することも確認されている。より商品生産に近い自律的な生産の継続が可能になっていると評価できるかもしれない。

　列島の北端の状況を念頭に置いて、南について検討を進めよう。九州を代表する福岡県大野城市牛頸窯跡群も6世紀中頃から継続的に生産が行われ、9世紀中頃まで継続する（舟山ほか 2008）。先述した須恵須賀浦窯跡群も6世紀中葉から継続的な生産が行われ、8世紀前葉まで継続している。先行する6世紀前半には周辺に稲元日焼原窯跡群が営まれており、そこからの継承と見るべきだが、律令期に至るまで生産が行われている窯の起点が、律令国家成立以前の6世紀にあることは重視する必要がある。

　他の須恵器窯跡群の消長を見ると、6世紀からの継続的な生産がうかがえる生産地は、大分県中津市伊藤田窯跡群や福岡県八女市八女窯跡群でもみられ、熊本県宇城市・八代市の宇城窯跡群が南端となる。日向では、宮崎市の下村窯跡群が8世紀、薩摩では南さつま市の中岳山麓窯跡群が9世紀を中心に継続的な生産を行っているが、それらを遡ると、単発的な生産はあるものの継続的な生産地は未確認である。下村窯跡群は日向国府から10km圏内であり、東北地方でみた城柵にともなう須恵器生産と対比が可能である。薩摩国府の周辺では薩摩川内市鶴ヶ峰窯跡において国分寺の瓦窯に並んで須恵器窯が8世紀に営まれているが、こちらは継続的な生産は行っていないようである。九州北半では6世紀代から継続的な須恵器生

表1　九州における須恵器生産地の消長

国	郡	5c	6c	7c	8c	9c	10c
筑前	怡土良 早良 那珂 糟屋 宗像 遠賀 鞍手 嘉麻 夜須 御笠		—新開 —重留 ＝＝＝（牛頸）＝＝＝ 古門—	—岩長浦 —宗像 —野間 八並 小隈・山隈— 雄ヶ尾・裏ノ田	井出ヶ浦—	—八尋（牛頸） 	広江
		曇・西小田—					
筑後	御原 上妻 三毛		苅又—		勝立・片平—	—八女	
豊前	企救 京都 仲津 築城 上毛 下毛 宇佐	—居屋敷 	天観寺山— 船迫— 照日— 野森・新池—	—向野山・殿川 —四郎丸		—ドギバ・籾ノ池・御祖 —伊藤田	
豊後	大分				—松岡		
肥前	佐賀 杵島 藤津	神籠池—		光武・高月—	向野山 —不動滝		
肥後	玉名 益城・宇土 球磨			— —	— —	荒尾 宇城	—下り山
日向	臼杵 那珂 宮崎				—下村 —松ヶ迫	—苺田	
大隅	菱刈				—岡野		
薩摩	高城 阿多				—鶴峯 —	中岳山麓—	

図5 九州における評制以前から継続する窯跡群

産が行われており、肥後でも宇城窯跡群までは同様であるのに対し、そこから南では須恵器生産の継続的な展開がかなり遅れることは確実である。この要因については東北の事例と同じく、政治的な背景を考える必要がある。

6世紀からの生産が律令期まで継承されることの背景として、部民制を考える必要がある。かつて浅香年木は、須恵器生産について、史料のうえで陶部が稀薄であることから、部民制の枠外にあると想定した（浅香 1971）。しかし、須恵器生産地がミワの地名と相関があることが古くから知られるようになり（坂本 1987）、後述する牛頸窯跡群のハセムシ12地点の「和銅六年」銘の刻字須恵器に「大神君」、「大神部」が知られ（余語 1990）、神部が須恵器を生産していたことは確実視できる（菱田 2005）。同時に、職能ごとに部の名乗りが厳密に対応していると考える必要はなく、須恵器生産については神部に限らず、多様な部が携わっていたことが想定されるようになっている（高橋 2007、丹羽野・平石 2010）。そして、陶部についても『日本書紀』雄略天皇七年是歳条の大伴室屋への詔で、東漢直掬に命じて新漢陶部高貴らを移住させたという記事を手がかりに、東漢氏が管掌する部として積極的に評価する意見もある（鷺

森 2010)。こうした点から、少なくとも須恵器生産が部民制下にあることは確実であるとみてよい。

　さて、先ほど見てきた九州における須恵器の継続的な生産地については、日向、大隅、薩摩の地域についてかなり時期的に遅れることが明らかになったが、これは仙台平野以北の東北地方と同様に、部民制の浸透が十分でなかったことが背景にあると考えられる。移民によって部をもつ人々が7世紀以降に広がってはいるが、6世紀においては王権の支配が及ばず、部民制が施行されなかった地域と考えることができる。同時に、継続的な生産がみられないことから、部民制の前提となる職掌を継承する親族組織が未発達であったことを示している可能性も考えられる。

3.　須恵器生産とミヤケ

　6世紀から継続的に生産が行われる須恵器窯跡群については、部民の活動を管掌するという点から、ミヤケ（屯倉・官家・三宅）との関係がうかがえる場合もしばしばある。記録に表れないミヤケを想定すると、立評以前に地域支配を担った組織として重視することができるが、須恵器生産のように立評の時期を挟んでそれ以前から継続して生産が行われている事例は、こうしたミヤケの活動を考える重要な資料となる。ミヤケの性格についてはさまざまな意見があるが、水田の管理だけでなく、開発の拠点、あるいは流通、交通の結節点など、王権と地域とを接続する役割があったと推測され、「王権への奉仕の拠点」というぐらいに考えておくことが実際的である。その開発の中には手工業部門も含まれており、須恵器生産が

必然的にミヤケの活動と関連すると考えられる。

　上述した牛頸窯跡群は、その成立が那津官家の設置と不可分の関係にあると想定されている。那津官家は、福岡市博多区の比恵遺跡を中心とする一帯に比定されており、外交の拠点という特殊な機能もあるが、筑前国那珂郡に先行する地域の拠点としての役割もあったと想定できる。先述したハセムシ 12 地点から出土した「和銅六年」(713) 銘の刻字須恵器甕では、「筑紫前国奈珂郡手東里」の地名表記があり、筑前国那珂郡に属していたことがわかるが、このことも那津官家との関係を示す事実として評価できる。

　鴨庄窯跡群のある丹波国内では、何鹿郡を除くと、各郡内に継続性の高い生産地が 1 カ所ずつ存在しており、生産の背景がミヤケ (屯倉) からコホリ (評・郡) にいたることが想定される (菱田 2002)。長期継続する窯跡群がしばしば「一郡一窯」と評されることがあり、かつその開窯が立評以前に遡る事例が多いこともこうしたミヤケからコホリへの接続を物語っている可能性が指摘でき、ミヤケの機能がコホリに承け継がれるとする考え (鎌田 2001) を補強する事実となろう。

　また、6 世紀から 7 世紀にかけては、広域に技術の伝播現象がみとめられることが注意される。たとえば、溝付排煙口をもつ窯のように、九州から日本海側にかけて、拠点的な生産地間で技術が伝播している状況が明らかになっており (渥美 2010)、必ずしも中央が起点になるのではない広域の技術交流が可能になっている。各地の生産にミヤケがかかわっているとすれば、こうした技術の広がり方にこそミヤケの機能の一端が表れていると考えたい。

4.　須恵器生産と氏族認識

　須恵器生産者の一部、しかも中核的な役割を果たしている人々が
神部を名乗ったかについて、改めて考えてみたい。先述したよう
に、静岡県湖西市・湖西窯跡群の分析と、「天平十二年浜名郡輸租
帳」との対比から、神直が湖西窯跡群の中心を担っていたと推測さ
れている（後藤 2006）。また、牛頸窯跡群では、先に触れたハセム
シ 12 地点の刻字須恵器のほか、牛頸本堂遺跡で「大神部見乃官」
と記された 7 世紀代に遡る刻字文字も出土しており、大神部が世代
を経て須恵器生産に関与していることが示される。

　大阪府の陶邑窯跡群もまた神部との関係が深く、泉北丘陵を貫い
て流れる石津川流域が「上神谷」と呼ばれ、『新撰姓氏録』の和泉
国皇別に登場する神直の拠点と考えられている（中村 1973）。記紀
に記される三輪山の神を祀る大田田根子（意富多多泥古命）を探す
記事においても陶邑が重要な位置を占めており、神直と陶邑窯の須
恵器生産との関係は深いことが古くから知られている。ただし、陶
邑窯は東西 15km、南北 9km に及ぶ広大な範囲で同時に展開して
おり、丘陵ごとに東から陶器山地区、高蔵寺地区、栂地区、光明池
地区、大野池地区、谷山地区に分けられている。したがって、神部
の活動はその中の一部であることになるが、その遺称地である上神
谷の位置する石津川の河谷は、栂地区と高蔵寺地区との間にあた
る。この両地区は陶邑の中でも終始生産の中心であったと目される
地区であり、7 世紀代は両地区で稼働している窯数が多い。その
後、8 世紀からは高蔵寺地区と陶器山地区が生産の中心になってい

132

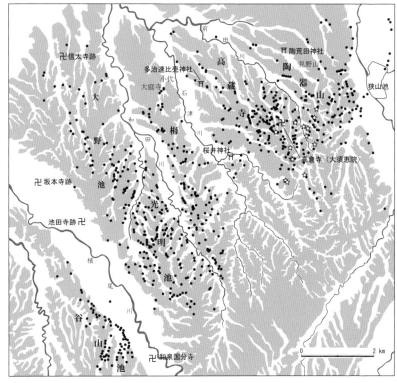

図6 陶邑窯跡群の分布と地下式平窯（☆印）

る。上神谷の神部の活動範囲を厳密に探ることは困難であるが、石
津川の流域周辺での生産が継続していることは明らかであり、神部
が陶邑の須恵器生産においてやはり重要な役割を果たしていたこと
は疑いなかろう。また牛頸窯跡群や湖西窯跡群といった大規模生産
地の生産を担っていることも、須恵器生産と神部との関係の深さを
示していると考える。

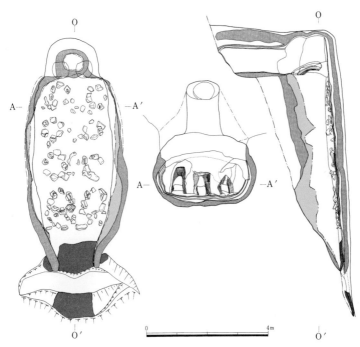

図7　陶邑窯跡群の地下式平窯 TK321 窯

　神部が須恵器生産に関与することの背景として、これまで三輪山の祭祀で須恵器が使用されることなどが注意されてきた（佐々木 1979・1986）。しかし、祭祀という点では、中臣氏もその担い手であり、陶邑窯の中には中臣氏の同族の和田氏が和田郷に存在したと推測でき、和田川流域で須恵器生産に従事した可能性が高い。神部の本来の職掌に陶器の生産はないという意見も根強いこと（鈴木 2014）を踏まえ、さらに別の観点から神部の役割について考えてみる必要がある。

「味酒の」が三輪の枕詞であるように大神神社の役割の中に酒造
神がある（竹内 2021）。三輪山中の祭祀遺跡である山の神遺跡から
出土する古墳時代後期の土製模造品に、臼、杵、箕、匏などがあ
り、それらが『延喜式』造酒司の「造酒雑器」に登場する木臼、
杵、箕、匏と一致することが古くから指摘されている（大
場 1943）。このことから造酒神としての三輪神は古墳時代に遡るこ
とは確実であり、神部と須恵器生産との関係は、造酒具の製作とい
う観点で説明できる可能性がある。

陶邑窯跡群では TG232 号窯で代表されるように、初期の段階か
ら大甕の生産を活発に行っているが、この大甕の機能として酒造用
のタンクが考えられる。先に触れた「造酒雑記」でも甕や甕の木蓋
が登場し、木蓋をともなう須恵器甕が醸造用のタンクであったと考
えられる。須恵器の生産地では古墳時代は大甕の生産が重要な役目
であったが、時期が降ると次第に食器に特化する窯も現れ、大甕の
生産から撤退する生産地も出てくる。陶邑の場合も、大甕の生産は
高蔵寺地区と陶器山地区という前田川流域に限られるようになり
（千葉 2013）、1 つの生産地の中でも対応が分かれている。その中
で、陶邑では「地下式平窯」という底がほぼ水平の窯構造が 7 世紀
後半に現れ、8 世紀に継続して流行することが特徴として把握され
ている。中には 8 世紀前半の TK321 窯のように、底部に 2 列×4
個の大甕を規則的に並べた事例が知られており、この窯構造が大甕
を焼くために特化した形態であることが明らかになっている（図
7）。床面が平らであることは、底が丸い大甕を据えやすいというだ
けでなく、高い蓄熱効果が見込まれるといった技術的な要因があっ
たと考えられる。この地下式平窯の分布は高蔵寺地区から陶器山地

区にまたがる地区であるが、前田川の谷奥部にあたり、むしろ石津川の河谷からもアクセスが容易な地区になっている。古代においてどの郷に属したかは厳密には決めがたいが、大須恵院が『行基年譜』の記載から大村郷に属するので、その周辺の窯が同郷に含まれるとみてよい。しかし、上神谷の上流域であることから上神郷との関係も考慮されるべきである。酒造具である大甕の生産に熱心であった神部たち者が関与していてもおかしくない。

　牛頸窯跡群と密接な関係のある那津官家は、外交の窓口でもあり、対外交渉において酒が重要な役割を果たしていた。『延喜式』玄蕃寮の規定では、新羅からの外交使節のための酒造りを神社に命じているが、こうした外交使節のための酒造りが6世紀に遡る可能性は高い。したがって、那津官家で振る舞われる酒を造るのに須恵器大甕が必要になったと考えられ、その大甕の生産は牛頸窯跡群で行われたと考えられる。牛頸窯跡群では、6世紀末から7世紀中頃にかけて窯の数が増大する一方で、牛頸窯跡群特有の窯構造に統一されていく。これは複数の排煙口をもち焚口から窯尻までほぼ幅が変わらない多孔式煙道窯と呼ばれるものであり、生産品目の比率も、重量比で甕・大甕が過半数を占めるなど、甕類が主要な生産品目であることがわかる。こうした現象を捉えて、大神部が主体となって牛頸窯全体の統一的な生産が行われたと推測されている（石木 2018）。牛頸窯跡群は7世紀後半からは大宰府への供給に変化し、窯構造も変化して、甕類の比率も減じていくが、那津官家への供給が考えられるその早い段階においては、やはり酒造具としての大甕生産が主力であったことがうかがえ、その背後に神部の管掌を想定することができる。こうした点からは、神部が関与する須恵器

生産については、酒造りと三輪神との関係が起点となり、酒造具である須恵器、とりわけ大甕の生産者が神部を名乗ることになったと推測する。

　須恵器の生産者たちがいかにして技術を継承し、地域における生産の継続に寄与してきたかという観点から、須恵器窯跡を検討してみた。上述した「天平十二年遠江国浜名郡輸租帳」に名が記される人々が須恵器生産を行っているとすれば、もう一方で班田された農地を耕作する人々でもあったこととなり、専門性の高い技術の維持と同時に、農業を営む農民でもあることを想定しなければならない。また、土師器の例であるが、正倉院文書の年代不詳の「浄清所解」（大日本古文書 3 巻 412 と 11 巻 350）に、男女 2 名がそれぞれ単功 89 日の労働を行っていることも、農閑期の労働と捉えられ、少数の家族による生産の実態を示していると考えられる。こうした農閑期の労働を編成しながら、「王権への奉仕」という建前で部民化し、貢納のシステムに組み入れていく過程に、日本の国家形成の特質がある。遺存した人骨から親族構造に迫れる墓との接点が未だ少ないため、明確な議論をおこなうには時期尚早の感があるが、技術の継承と生産の継続を図りやすい親族構造がどのように形成されたのかという視点は、古代の手工業を考える重要なポイントになると考える。そして、古くから議論のある部民制の実態について、考古学側からのアプローチを充実する方法ともなろう。

（菱田哲郎）

第6章　親族関係からみる国家形成

　古墳時代前・中期における王権と地方諸集団との関係の変転を経
て、6世紀に全国支配体制である国造制^(用語4)・部民制^(用語15)・ミヤケ制^(用語19)が整備
されていき、「大化改新」を経て7世紀後半に、人民の族制的・身
分制的把握^(用語12)から地域的・包括的把握への移行が遂行され、それを基
礎として国家機構と全国的統治システムが構築されていった。そう
した動向の社会的基盤における、親族組織^(用語8)の構造変動の実態とその
意義の評価は、国家形成論上、不可避の問題である。

1. 国家形成過程と親族構造変動

(1) 国家形成過程の考え方

　国家形成過程に関する古典的学説においては、国家形成と親族組
織の関係について大きく2つの考え方があった。Aは、「氏族制度」
残存のままの国家形成を考え、「氏族制度」の共同職務執行機構
（今日風にいえば部族社会ないし首長制の政治組織）の国家機構へ
の直接的転化を認める。そして、国家が階級分裂以前に社会の共同
利益を守り外敵を防禦するための機関として発生し（第一段階の国
家）、階級分裂以後の第二段階には階級抑圧機能をも兼ねるように
なったと考える。

　それに対して、Bでは、「氏族組織」の破壊を前提として国家形成を考える。階級分裂前はもちろん階級分裂後であっても、社会全体が階級的原理によって組織されるようになる以前の共同職務執行機構は「氏族制度の機関」であって、それがそのまま国家機関に転化するのではなく、その外部にそれと並行してかつ対立して形成される新しい権力を国家と考えるに至った。この場合、「氏族制度」の機関に国家機関のルーツを辿ることができないわけである。

　日本古代史学でも、第二次大戦後1970年代まで主流であった史的唯物論の立場に立つ研究者は、先のAに近い考えかた、すなわち「氏族制度」が完全には破壊されずに、公共職務執行機構が、なしくずしに国家機構に移行するという考え方であった。たとえば、共同体の共同利益のための機関の肥大化・独自化による早熟的な国家への転化（中村哲1976）、氏族機関の国家機関への直接的転化が基本的コースになると考えた（鬼頭1976、原1974・1975）。

　日本古代史学界においては、今日でも石母田正の在地首長制論（石母田1971）の影響を何らかの形で受けた首長制論が有力である。ここでも、首長制段階の政治組織と国家機構との関係（連続か断絶か）は依然として解明されるべき問題として残る。石母田の力点は、在地首長層の権力および基礎的生産関係が国家成立時にその下部構造に直接的に転化する側面を重視したものである。在地首長層が一般民衆の経済的成長に対抗する形で、私地・私民を蓄積し、中央権力との関係で領域支配を発展させて国家権力の端緒としての「機関」となっていくというもので、A説的な直接移行を考えているようである。他方で、国家の中枢に成立する機構・組織・機関が、それに先行する人民の族制的、身分的把握にもとづく組織原理

の否定のもとに成立するとも力説しているから、首長制段階の政治組織と国家機構との断絶を自明としたB説的国家形成論の面も持つ。

　他方、今日の日本の考古学界においては、新進化主義的首長制論^(用語7)や構造マルクス主義的国家形成論が主流となっているが、そこでは、国家と首長制とは、公権力を独占する政府、法的力による官僚支配、明確な社会経済的・政治的クラス、などの存否といった指標で区別されている（サーヴィス 1971）。そこでは、首長制と国家の決定的な差異の指標は、合法的な力を含む特殊な機構による統合、力を行使する方法と条件の明確さ、すなわち機構と法の存否である。国家の成立の問題が制度の創設の問題に解消される傾向があるとともに、国家段階の統治組織・官僚機構・軍隊の組織原理や人民の編成原理、社会組織が、首長制段階の親族組織に基盤を置いたものと決定的に異なるのかどうか、前者と後者との関係、前者がいかにして成立するのか、あるいは統治組織・官僚機構・軍隊をささえる社会的分業の見地の有無は明示的でない。

　以上の観点から、日本の国家形成を考える場合の問題点は、首長制・国造制・部民制・ウヂなど律令制成立以前の支配機構に関わる^(用語2)議論である。律令国家の領域支配の基本は何であり、またその前身が大化前代あるいはさらに古い段階のいかなる政治組織の継承であるのか。こうした議論は皆、人民の領域的編成・官僚制・常備軍・徴税組織などの国家機構がいかに出現したかに関わっている。

(2) 日本における国家形成期の捉え方

　国家形成と社会組織の変動との関係に関する古典的学説の有力モ

デル、すなわち、婚姻制度、経済的単位としての社会集団の形態、出自規則など社会組織の発展段階における大きな画期と、政治組織のそれとが基本的に対応し、家族・共同体・国家・社会構成体の大きな変動が相互に連動する、というモデルの有効性の検討は、無駄な仕事ではない。

日本の国家形成期における社会組織と政治組織の対応関係の有無に関する学説を概観しておく。1A・1B・2A・2Bの4類に整理しよう。

〔1A〕対応関係があるとみるうえ、国家形成時期を3世紀頃と早く考える。弥生時代を無階級社会ないし階級社会への移行期、古墳時代を確固たる階級社会・国家段階とみる。考古学界では1950〜1970年頃まで主流だった説である（小林 1952、近藤 1960、都出 1970 など）。

〔1B〕対応関係があるとみるうえ、国家形成の時期を前方後円墳の消滅後、すなわち6〜7世紀頃と遅く考える。文献史学界の有力説の影響を受け、近藤義郎・今井尭が1972年に概要を示し（近藤・今井 1972）、1977年以降に近藤が本格的に展開した説（近藤 1977・1983、岩崎 1990、白石 1999 など）。

〔2A〕対応関係がないとみるうえ、国家形成を7世紀後半〜8世紀初頭と遅くみる。1970年代以降の文献史学界で主流であり、社会組織と政治組織の対応関係を基本的に認めておらず、未開な社会の上に早熟的に古代国家が形成されるという「早熟国家形成論」の立場を採る。こうした考えは、第二次大戦後の古代史学の大きな柱を形成した井上光貞・石母田正の説を基本とするとともに、一次的国家は文明の中心地のわずかなもののみで

あり、その周辺では既存の国家の何らかの影響の下に新たな国家が形成されるとする「二次的」国家説の同類でもある（高群 1952、井上 1971、石母田 1971、鬼頭 1979、関口 1984、吉田孝 1985、義江 1986 など）。

〔2B〕対応関係がないとみるうえ、国家形成を 3 世紀頃と早く考える。1B 説・2A 説を批判し、「成熟国家」に先立つ「初期国家」概念を打ち立て、親族組織のあり方を重視しない。2000年代以降、考古学界で主流の説である（都出 1989a・1990・1991 ほか）。

2B 説から派生してきた変種として、初期国家を「より首長制的な段階（前・中期）」と「より成熟国家的な段階（後期）」に分ける説（和田 2000）、前・中期を初期国家段階、後期を「本格的国家」とする説（和田 2004）、5 世紀を国家形成の萌芽期、6 世紀中葉〜8世紀中葉までを前半期国家とする説（菱田 2007）などがある。

2A・2B 説の場合、未成熟な社会組織を残したまま、いかにして中央集権的な社会体制や人民の地域的編成・官僚機構・常備軍・徴税機構を形成しえたのかが問題であり、考古学的親族構造研究の重要性がもっとも鮮明にあらわれるのがその点なのである。

(3) 古墳時代親族組織論

大分県中津市上ノ原横穴墓群の調査を契機とした骨考古学者・田中良之（1953〜2015）の古墳時代親族構造研究（田中 1995）は、その時点で主流となりつつあった文献史学の古代家族・親族論、籍帳論、ウヂ論などの研究成果と鋭く対立する部分があった。しかし、7 世紀以前の親族構造についての考古学的事実を明らかにした

ものであるから、主として8世紀以降の文字史料から時代を遡って類推・推定をせざるを得ない古代史研究者に再考を促し、彼らの体系に揺さぶりをかける潜在力を持っていた（岩永 2003・2016）。

　ここで田中説での主要論点（田中 1995）を纏めて述べるが、その理解に必要な用語は文末の「用語解説」を参照されたい。

①　弥生〜古墳時代の親族構造の3モデルと変化の評価

　弥生時代中期の北部九州から山口にかけては、双系基調ながらも（用語11）男性優位であり、古墳時代に入ると5世紀後半までは、弥生時代以来の双系的な親族組織を基礎とし、その上で地位の継承がやや父系に傾いた基本モデルⅠがみられる。これは傍系親族および女子を排（用語17）除しないキョウダイ関係で埋葬するもので、地位の継承は、男女いずれもが継承可能な点で双系的だが、基本モデルⅡとの連続性を考慮すると、父系に傾いた継承が主流となる傾向が看取できる。基本モデルⅠの双系的性格は、九州地方の地域性ではなく畿内でも同じ埋葬原理だった可能性が高い。

　5世紀後半以降、前代の基本構造を残しつつ、非単系出自集団の（用語6）父系的再編が行われ、首長・家長層では父系直系継承（傍系継承無し。婿養子有り）が成立し、全体として比較的はっきりとした父系継承を行う基本モデルⅡ・Ⅲへ変化する。

　基本モデルⅡは5世紀後半から6世紀後半にみられ、キョウダイが埋葬される基本モデルⅠにみられる同一世代における血縁性の重視から、次世代家長にとっての傍系血族を排除し、家長とその子という直系の父子関係が強調されることによって出現する。ここでは父子関係が強調されるが、配偶者は葬られておらず、傍系親族を排除し直系血族のみで構成される。家長の継承は父系直系で次世代家

長は新たな墓を構えるが、傍系親族は墓を築造できず独立した存在
ではない。したがって推定できる家族集団は「直系親族の世帯に傍
系親族の世帯が従属する世帯共同体」といえる。

　6世紀前半から中頃にかけて以降の基本モデルⅢは、基本モデル
Ⅱに家長の妻が加わった形であり、他に大きな変化はない。父系直
系継承だが、父子関係とともに夫婦関係・母子関係も認められる。

　基本モデルⅡ・Ⅲは、婿養子（上ノ原横穴墓群にある）の同族化
がなされず、基本モデルⅡで配偶者が葬られず、基本モデルⅢでも
非家長の配偶者が排除されていることから、強固・明瞭な父系制で
はなく、父系の系譜の中に散発的に女性が入る点で「準父系」（清
水 1987）である。

②　変化の本質

　基本モデルⅠ→Ⅱ→Ⅲの変化は、先代家長との血縁関係にもとづ
くキョウダイの血縁原理から、父子直系の血縁原理へと変化し、家
長夫妻とその子すなわち親子関係へ、という流れで説明できる。す
なわち、双系あるいは父系に傾いた双系の状態（基本モデルⅠ）か
ら、父系直系の継承（基本モデルⅡ・Ⅲ）が行われるようになる過
程であり、同世代原理から通世代原理への変化と要約できる。

　以上の田中説は、すでに弥生時代以来、近畿地方では父系になっ
ているとする考古学界主流の説（甲元 1975、都出 1989b）よりは
双系・双方説との対立点が少ないものの、双系・双方説とは重要な
点で相違がある。すなわち、5世紀後半以降ウヂの形成が始まり、
首長位の継承が父系的に行われるようになるとみる点では同じだ
が、双系説ではこうした動向が支配者層のみのものであって、被支
配者層では双系のままとみるのに対し、田中説は、古墳時代後半期

144

には農民層においても家長が父系かつ直系的継承を行っていたと明らかにした点である。

③　二重構造

　基本モデルⅡ・Ⅲにおいて、第一世代と第二世代とでは構成が異なっている。第一世代は基本モデルⅡでは家長一人、基本モデルⅢでは家長夫婦であるが、第二世代は家長の子供たちのキョウダイで基本モデルⅠと同じ構成である。基本モデルⅠは弥生時代以来の社会構造に規定され、古墳時代前半期までの社会構造と連関した親族構造であるが、基本モデルⅡ・Ⅲの段階でも第二世代（非家長の一般成員）では規定的構造となっている。したがって、埋葬にあたっての選択が婚後居住形態の反映であるとすれば、基本モデルⅠからⅡ・Ⅲへの変化は、第二世代を見る限り、婚後居住規定の根本的変化を示すものではなく親族組織でも同様だったと評価できる。

　また、基本モデルⅢでは家長の妻が家長と同じ墓に入り家長の継承が父系直系的に行われている一方で、結婚し出産した娘が父の墓に入っており、家長と非家長では異なる原理が働いていたことになる。

　つまり、基本モデルⅡ・Ⅲは基本モデルⅠの基本構造を第二世代に残したまま、その上に男性家長あるいは家長夫婦が第一世代としてかぶさった二重構造をなしている。基層に双系的特性をよく残しながら、家長層＝リーダーシップの場においてのみ父系的特質をもたせていったために、父系的に編成されたのは家長のみであり、非家長においては双系的性格が残されたままとなった。双系説が指摘してきた日本古代親族構造の特異性は、5世紀後半に至って、それまでの双系的親族構造に、家長の父系継承と直系親族への傍系親族

の従属というシステムをかぶせることによって始まった、二重構造とそのズレが整合していく過渡期の様態として理解できる。そして、非家長の一般成員には非単系的＝双系的構造を残したまま古墳時代が終わり、この二重構造が奈良時代まで存続する。

④　籍帳の「戸」、郷戸・房戸の評価 ^{（用語10）}

この二重構造が古墳時代後半期の親族構造の特質であり、これが次の時代にどう継承されたかが、籍帳の戸の評価視点となる。結論的には、籍帳における家長（戸主）世帯、あるいは大家族中での個々の世帯の構成は実態を伝える可能性があり、それらと古墳時代後半期の親族構造とは比較可能である。岸俊男が実態に近いと評価した大宝 2 年や養老 5 年の戸籍などからは、奈良時代においても、家長（戸主）世帯については、基本モデルⅢと家族構成が類似しており、同様の構成原理が残存・連続する可能性が強いといえる。ただし非家長の成員については基本モデルⅢと異なり戸主以外にも妻の同籍が認められ、単婚家族化が進行していたことがうかがえる。

このように田中説は、制度・理念と実態の接点としての戸籍から推測された一定程度抽象化された実態の像の前に、籍帳成立前段階の古代家族像を置くことによって、籍帳の資料価値判断にも一石を投じるはずであった（岩永 2016）。

(4) 親族構造変動と国家形成の連関

以上のような古墳時代親族構造論にもとづき、親族構造変化の画期と国家形成が連動するか否か、すなわち、社会の基層に双系的要素が強く残った上に、なぜ中央集権的支配体制が成立しえたのかという問題にふれる。

　弥生時代後期に、諸集団の首長層が各地で政治的に成長を遂げ、3世紀後半から4世紀にかけて首長層の政治的連合体が形成された。その後、5世紀代に軍事的あるいは平和的手段によって、連合体の中での大王家が相対的に優位となった。しかしこの間、部族・部族連合や首長制社会を超えた広域社会の形成は、同時に、社会の内・外における利害関係の分裂・対立を先鋭化し、朝鮮半島情勢の困難化が、大王家や首長層の優位性の維持を困難にしつつあった。

　5世紀代王権の地方首長に対する政治的優位性や各種物財の生産拠点の掌握を高く評価し、府官制の施行による各地首長の属僚化と^(用語14)中央集権化の達成を認めるという説もあるが、5世紀段階では、まだ中央の宮廷組織は未成熟で、王権の地方豪族に対する優位性は確立しておらず、地方支配の制度もできていないと考える。

　そのため、雄略死去後〜継体即位迄の王権の弱体化を経て、継体即位による新王統の成立を機に、6世紀を通じて、より強力な中央集権的支配体制、地方支配組織の確立のために必要な、権力構造（政治機構＋特定人間集団）の制度的体系化と国家を支え動かす意志の形成が目指されていくこととなった。

　その際、大王家の側に、大王家が諸豪族に対して獲得した優位性を固定・促進するために、大王家を頂点として諸豪族を再編しようとする強固な意志と、それを実現しうる力の蓄積（中央政権内部での王権の伸長、地方に対する優位の確立と直接支配）があったことは前提として見逃せない。継体朝の磐井の乱の鎮圧を機に、国造制・ミヤケ制・部民制を整備・施行し地方支配の強化に乗り出した。

　実際にそれを可能にした条件としては、権力機構の中枢部とし

て、支配者層の大王を中心とする結集と、支配者層を支える安定的な社会組織・秩序の形成が重要な問題である。

　まず支配者層の大王を中心とする結集について。5 世紀後半を境に首長位の（父系直系による）継承が安定化し、個々の政治的有力集団がそれぞれ族組織として安定化したことが重要である。そしてそれを前提に、複数の有力集団が父系原理を基本とする擬血縁集団の形をとって結集した（ウヂの形成）。各ウヂは、6 世紀以降、王権が与えたカバネ名を負うことによって特定の職掌を帯びて王権に対する奉仕関係に入り、地方首長の支配領域内に設定された部民やミヤケの保有を認められる。

　とくに、5 世紀後半から 6 世紀段階において、支配者層の政治的結集が、父系原理を基本とする擬血縁集団の結成という特殊な形をとった原因が重要である。田中良之は、対外的緊張関係と中国から導入した父系イデオロギー・家父長制イデオロギーの影響下において、支配者層における強い父系出自観念の形成がなされたことを指摘している。ウヂの形成を前提に、宮廷でのさまざまな職掌をウヂごとに担う体制が形成された。各ウヂどうしの関係、あるいは各ウヂと大王家との関係は、7 世紀後半に至るまでに神話の中での祖先神どうしの系譜関係として擬制的に表現・系列化されていったと考えられる。6 世紀には各ウヂの統率者には身分表示としてのカバネが与えられ、宮廷内での序列化がなされた。このウヂを基本に、中央ではウヂによる政治的職務の分掌体制が形成され、ウヂの統率者たちの集団が律令体制期の官僚機構上層部の基礎となり、地方では在地首長層が国造・伴造・県稲置として組織され部民の支配を承認される体制が出来上がり、ゆくゆくの郡司層＝官僚機構末端部・地

方官僚の基礎となった。もちろん、この段階のウヂごとの職務分掌あるいは国造・伴造を介した人民の分割支配（伴造・部民制）は「タテ割リ」的体制であり、7世紀後半における集中的・重層的権力体系（官僚制）および公民的編戸（人民の地域的編成）への原理転換は、前者の行き詰まりと解体の結果ではあるにせよ、5世紀後半から6世紀の段階で王権を中心に結集しえた畿内・近国のウヂ統率者集団が推古朝の群卿・大夫層の基礎となり、さらには律令官僚制の骨格を形成したことは、奈良時代初期に一ウヂから一議政官を出す原則があったことにも表れている。また、この段階で族制的ではあっても在地首長層の取り込みに成功したことが国司－郡司制の実施を可能にした。

　つぎに、支配者層を支える安定的な社会組織・秩序の形成が可能になった理由について。5世紀後半までに鉄製農工具の普及によって農民の生産力は上昇しており、それを前提に可能となった未開発地の開発が傍系親族の独立運動を引き起こし群集墳の増大をもたらしたが、5世紀後半以降7世紀前半までには基本的に安定した経営単位が成立していたのである（田中 1995）。こうして農民層の基本的経営単位の範囲が安定していたことを前提にしてはじめて、それを権力の側で掌握する対象として認知し、のちの徴税単位、常備軍の兵士の徴発体制が設定されえた。近年、古墳時代の武器・武具類にもとづく軍事編成論が盛んであるが、組織原理の族制的編成から領域的編成への変質がより重要である。ここでも大化前代の「タテ割リ」的体制の整備が、その克服としての律令軍制（徴兵制にもとづく軍団制）を準備したのである。

　こうしてみると、5世紀後半～6世紀の時期に、首長の政治的地

位や家長の地位の安定的父系継承システムが成立したのを基礎にして、大王を中心とした支配者層の階級的結集とそれにもとづく全国的統治・支配機構が樹立されるとともに、安定した経営単位の成立を前提にして、収取システムが形成された。この段階の統治・支配機構や収取システムは、族制的「タテ割リ」体制であり、やがて原理転換を余儀なくされたとはいえ、古代国家の律令体制は、まさに、その前提・基礎の上にしか形成されえなかった。地域による人民の区分、常備軍、徴税制度、官僚機構といった国家に不可欠な属性すべてについて、その確立に必要な条件を、支配者層の族組織としての安定、被支配者としての農民層の経営単位としての安定が準備したのである。そのような意味で、親族構造変動と国家形成は密接に連動しており、文献史学者の主流的見解のように、古代国家が未開社会の上に忽然と形成されたのではなかった。

2.　国家形成期における地域社会と親族組織

(1)　親族構造変化の地域差

　親族組織のあり方と、財や地位の継承法、社会統合のあり方には密接な関係があり、日本列島においても、国家の形成期（古墳時代後半期）には、それらは相互に跛行性は持ちつつも、有機的に関連しつつ変動していった。しかし、当然ながら日本列島内でその過程が均質に進みはせず、古墳時代における社会の発展様相には地域的偏差があった。ここでは地域を絞って触れておく。

(2) 九州南部地域

　九州南部地域のうち、日向および大隅の東部地域では、5世紀まで高塚古墳が造られた。他方、薩摩および大隅地域の大部分では高塚古墳は造られなかった。

　古墳時代中期から後期にかけて、薩摩・大隅・日向南部地域の文化的異質性が高まり、7世紀の国家形成期に中央政権から隼人・熊襲とよばれるようになった異文化集団が成立していく。そこでは、地下式横穴墓（第4章参照）などの特異な墓制（墳丘をもつものもある）が盛行した。これら諸地域の集団も、5世紀〜6世紀前半まではヤマト王権と交渉し、多くの威信財（第1章参照）を入手する機会もあったが、6世紀以降、高塚古墳と地下式横穴墓が混在する宮崎平野部を除いて、しだいに高塚古墳造営地域との文化的交流が疎となり、社会組織や統合のあり方において、高塚古墳造営地域とは懸隔が大きくなる。「後進的」とも評価されてきた九州南部地方の古墳時代集団の親族組織や社会組織の実態はいかなるものであったのか。本書第2・3・4章で、その様相の一端を明らかにした。詳細は各章での議論に譲るが、多少触れておく。

　地下式横穴墓造営集団の親族組織については、5世紀代において双系社会で父系化が遅れ、6世紀代までそれが継承されるという見通しが得られている（田中ほか 2012）。財・地位の継承単位が明確化しておらず、安定した首長系譜と首長層の階層的秩序が未成立であった可能性が強い。集落構造の検討成果と照合の必要はあるが、首長と一般成員との関係も懸隔が大きくはなかったと推定される。前方後円墳造営地域からの離脱の事情の1つはこれであろう。

　6世紀に至り、一定範囲を統治する各地の首長層を服属させて国

造に任じ、その支配領域内にミヤケを設定し、支配下の集団の一部を部民とし、ミヤケ・部民の管理を強制し、労働力や物資を貢納させる体制が施行されていく。それが可能となるのは、ある程度安定して地位が継承され、支配領域（厳密には支配集団の範囲というべきだが）も安定して在地支配を行っている首長層が成立していることであった。地下式横穴墓造営地域では、そのような条件を満たしておらず、社会組織のあり方が異なり、集団代表者が突出せず固定していないような流動的な社会であったため、国造制・部民制・ミヤケ制の施行範囲に組み入れられなかったと考えられる。大隅国造・薩摩国造という名称はあるが 8 世紀のものであり、実際に 6 世紀にそれら国造があったわけではない。

　中期以前に各地域で前方後円墳が築造されることと、後期に国造制・ミヤケ制・部民制が施行されることの意味が異なる。すなわち、5 世紀までの王権が全国各地の首長層との間に作り上げた関係と、6 世紀以降のそれとは質的に異なることに注意が必要である。

　7 世紀に入ると、隋・唐の成立に伴う国際関係の困難化に伴い、ヤマト王権が中央集権化を目指していく中で、朝貢国や「夷狄」を^{（用語13）（用語 1）}従える帝国秩序の構築が目指されていく。国造制・部民制・ミヤケ制といった王権の政治秩序に入っていなかった文化的・社会的に差異が大きい集団の夷狄視とその征服が実行されていくこととなった。

　隼人との関係が史料に明確に出現するのは天武 11（682）年で、隼人が多数来て大隅隼人と阿多隼人が相撲をし、彼らを飛鳥寺西で饗応した。天武朝に多褹島人や隼人が朝貢を開始することから、それに先立ち政府が南九州から南島に対して朝貢を促した可能性があ

る（永山 2009）。その原因については、白村江の敗戦後の国内体制
見直しで政府の支配の浸透が十分でない地域への関心が高まったと
の説（永山 2009）がある。

　文武 2（698）年に南島に覓国使（べっこくし）（用語16）が派遣され、翌年に多褹・夜久・
奄美・度感の人が朝貢してきたが、武器を携行した覓国使と隼人と
の間に摩擦が生じたらしく、文武 4（700）年に覓国使が帰国に際
して隼人から妨害を受けたため（覓国使剽劫事件）、筑紫総領に処
罰させた。南九州での国制移行への反発が原因らしい（永
山 2009）。この際、覓国使を脅迫したのは、衣評督衣君県、助督衣
君弖自美、肝衝難波にくわえ、薩末比売・久売・波豆という女酋達
が含まれていた。薩摩は地下式横穴墓分布域ではないが、一部では
あっても女性首長を戴く社会が続いていたようであり（井
上 1974、中村 2001）、これは 5・6 世紀を通じて女性に武器副葬が
認められ、女性の軍事への関与がありえたと推定されている地下式
横穴墓造営集団の社会（吉村 2016）と通じるものである。

　大宝 2（702）年に薩摩・多褹が戦いを起こしたので征討し、編
戸を強行し官吏を置き、薩摩国・多褹島を成立させた。隼人の戦い
が造籍阻止のためだった可能性があり、この時点で、居住地で個人
を把握する造籍が可能だったと即断はできないだろう。その後、肥
後から計画的移民で高城郡を設け、それ以南は隼人主体の 11 郡と
した。この 11 郡については、造籍・班田・田租徴収といった律令
制的諸制度の実施にすぐに移行できなかった要因は、生活様式や社
会組織の相違が大きかったためであろう。

　続いて日向国側では和銅 6（713）年に大隅隼人が戦いを起こし、
終結後に日向国から隼人居住地を分ける形で大隅国が置かれた。そ

の後、養老 4（720）年に隼人が大隅国主を殺したため、大軍を派遣し翌年に鎮圧した。これ以降、隼人の軍事的抵抗はなくなったが、隼人に対する造籍・班田・田租徴収などの完全適用は延暦 19（800）年まで留保され、その翌年まで朝貢が続けられた。

　以上の九州南部地域での古墳時代における様相は、東北地方南部での様相を検討する際に有効であろう。

(3) 東北南部地域

　東北太平洋岸では、古墳時代中期には岩手県南部まで前方後円墳は及んでいたが、6 世紀中葉には宮城県南部（阿武隈川下流域）まで後退する。そして、古墳時代後期の国造制の施行は、東北地方太平洋側では福島県中通り、浜通りおよび、宮城県南部の伊久、亘理に国造が置かれた。日本海側では新潟県北部の高志深江に国造が置かれたものの、それ以北には及ばなかった。

　当該地域でも中期以前に各地域で前方後円墳が築造されることと、後期に国造制・ミヤケ制・部民制が施行されることの意味が異なることに注意が必要だが、当該地域については、後期の前方後円墳造営域と国造制施行域の北限がともに阿武隈川下流域となる。

　それ以北の地域が、前方後円墳造営域から離脱し、国造制・部民制・ミヤケ制の施行域に入らなかった地域が生じた原因は何か。東北地方では古人骨資料にもとづく古墳時代の親族組織の研究が行われていないが、九州地方南部でのあり方を参照すれば、そこに社会のあり方、親族組織のあり方の地域差が効いている可能性がある。九州南部地域と同様な事情、すなわち、ある程度安定して地位が継承され、支配領域も安定して在地支配を行っている首長層（墳墓が

前方後円墳とは限らない）が出現しておらず、親族組織も双系に留まったままで、集団代表者が突出せず固定していないような流動的な社会であったため、という事情が効いているのではないか。

　倭王権は、九州南部の場合と同様に、国造制・部民制・ミヤケ制という王権の政治秩序に入っていなかった文化的・社会的に差異が大きい人々を「夷狄」「化外の民」と認識し、その支配を実行していくこととなった。

　城柵設置開始以前の6世紀後半〜7世紀前半にかけて、すでに蝦夷政策に着手し、仙台平野の拠点集落への関東住民の移民と周辺地域の支配、交易ネットワークの掌握、支配隷属関係の設定、朝貢制的政治関係の設定を開始した（熊谷 2004a・2004b）。

　6世紀末から、仙台平野では関東系土器・区画集落・横穴墓・小型墳が出現し、関東地方ほかの東国からの人・文物・情報の流入が活発化する（熊谷 2004b、菅原 2015、村田 2015）。

　大化改新による新政権成立後、国造制施行区域の評制への転換がはかられ、東北の太平洋岸に道奥国、日本海岸に高志国が設置された。そして仙台平野・米沢盆地・新潟平野北部以北の蝦夷社会に対して、改新政府の辺境政策が進められていき、「柵戸」を付属した「柵」を設置する政策がとられ、越国に淳足柵・磐舟柵が道営され、道奥国側では7世紀中葉に最初期の城柵である郡山遺跡I期官衙が造営された。

　7世紀後半には、初現期の柵たる「囲郭集落」の造営が仙台平野から大崎平野に北上し（熊谷 2004a）、「柵戸」を付属した「柵」の設置は、郡山I期→郡山II期を経て、710〜720年代に黒川以北十郡と多賀柵の設置にいたった。

　関東系土器の出土は、6世紀に遡るが、7世紀後半以降について
は、必ずしも関東からの移民「柵戸」集団による製作と直結はでき
ず、城柵・官衙での使用のために権力が組織的に生産供給した可能
性が指摘されている（熊谷 2009）。

　城柵設置開始以前の関東から福島・仙台平野・大崎平野への移民
が、在地社会の事情によるのではなく、王権の関与・差配により、
支配拠点を形成・維持・拡大するための政策とする説（熊
谷 2004a）に従いたい。言語・風俗・習慣・生業等で何らかの差異
がある集団をあらたに支配下へ繰り込むために、既支配下の集団を
移住させるのは南九州での王権の政策と共通する。その差異のなか
に親族組織を始めとする社会組織の差異もあった可能性を念頭に置
く必要があろう。

　ただし、南九州地方の地下式横穴墓が在地集団固有の墓制である
のに対し、仙台平野・大崎平野の横穴墓については外来系の墓制で
あり、形態的系譜は肥後、山陰、丹後、近畿中央部、東海、関東南
部、関東北部、福島浜通りに類例が知られる（古川 1996）。横穴墓
の形態は、土器よりも造営者の系譜を反映してはいるだろうが、そ
れらの多くが移住者による造営であるのか、在地集団が主体的に取
り入れたものかが問題であり、人骨の形質人類学的研究との照合が
必要となるだろう。

(4)「化外人」内属化政策の比較検討

　律令国家は、国造制・ミヤケ制・部民制に包括できなかった九州
南部以南や東北地方中・北部以北の異文化集団を「化外人」・「夷
狄」と認識し、まずは朝貢を迫り、さらには「帝国」の支配下に置

くべく諸方策を実行していった。具体的には、A 移民を送り込み評（郡）制実施地域を造る、B 異文化集団主体の郡を造る、C 支配のための軍事的・政治的拠点を多く、D 武力で屈服させる、などがあり、方策の順番は対象集団・時期・地域によって異なる。その差異が、内属化政策発動以前の集団の社会組織のあり方といかに関わるかの解明が今後も必要であろう。

用語説明

(1) 夷狄　もともとは、中国で用いた中華の周囲の異民族の蔑称。古代日本では、この華夷思想を導入し、日本列島の周辺部の住民を、古代国家の教化に従わないとして異民族視した。7〜8世紀に九州南部の民が隼人、東北北部・北海道の民が蝦夷とよばれ、征服・同化政策の対象とされた。

(2) ウヂ（氏）　王権中枢部を構成した政治的組織。大王の政治の補佐、軍事・祭祀など特定職務の世襲的分掌・奉仕などに携わった。父系系譜の同族集団を核とするが、単系血縁集団を束ねた氏族（クラン）とは異なる。氏名（ウヂナ）と姓（カバネ）を与えられ、氏名は地名に由来するもの、職掌に由来するものなどがある。

(3) カバネ　王権の支配下に入ったウヂ集団や地方豪族を秩序づけるための称号。ただし称号間の上下は明確ではなく、集団相互に明確な尊卑関係は定められていない。

(4) 国造制　王権に服属した地方首長を国造に任じ、在地支配を継続させつつ、貢納や労働力徴発などの奉仕をさせた制度。

(5) 婚後居住・居住規則　夫婦が結婚後、どこに居住するか指定する規則。夫方居住・妻方居住・オジ方居住・新居居住・分処居住・両処居住などがある。現在の日本に規則はないが、新居居住や夫方居住が多いと思われる。

(6) 出自　祖先から一定の規則によって辿られた血統で、それによって個人の集団への帰属が決まる。財産相続、地位や成員権の継承に用いられる。世代的連鎖が父系（男祖から男性の絆だけを辿る）ないし母系

（女祖から女性の絆だけを辿る）の一方のみを辿る場合は単系出自という。そうでない非単系出自では、血統は男祖か女祖から男性・女性の双方を通じて辿られる。

(7) 新進化主義　19世紀に生物進化論の影響を受けて、人類学でも民族誌資料から類推して人類文化の起源と発展を低次から高次への一系列的・普遍的な進化としてみる説が有力となったが、20世紀に入ると非進化論的機能主義の勃興とともに廃れた。しかし第二次大戦後に、社会組織の構造分類にもとづく一般進化と、適応的変化にもとづく特殊進化の2観点を重視する新進化主義が勃興し今日にいたる。

(8) 親族組織　親子・兄弟・姉妹の親族関係と、婚姻による姻族関係で結びついた集団。

(9) 親族関係　ある個人と、血縁関係にもとづく系譜的繋がりと、養取などの社会的繋がりからなる関係。自己より発する親族関係には「父方」「母方」があり、通常「双方的」親族関係が機能している。

(10) 籍帳　戸籍と計帳を合わせて籍帳とよばれた。計帳は課役徴収の基本台帳、毎年の予算編成の基礎資料となる帳簿で、手実（戸主からの申告書）、歴名（戸ごとの集計を里ごとにまとめたもの）、目録（国郡単位に集計した統計文書）からなる。

(11) 双系・双方説　日本史学会では、1970年代以降、社会人類学の成果を古代史に導入した双系・双方説が有力となり、それまで有力だった父系説を厳しく批判した（吉田 1976・1983・1988、明石 1990）。日本は非単系的な社会基盤の上に父系を発達させようとした社会で、時代を遡るほど、民衆に近づくほど双方（非単系）原理が強く機能しているとする説で、弥生・古墳時代に父系社会が存在した可能性はないとする（明石 1990）。

(12) 族制的・身分制的把握　支配者が支配下の民衆を把握する際に、各人の居住地ではなく、各人が所属する集団（族的集団や身分など）ごとに把握する方式。現代日本人は居住地で国家や自治体に把握され、税を徴収されている。

(13) 朝貢国　朝貢とは前近代の中国に対して周辺諸国が貢物を献上して臣下になること。中国は朝貢国の首長に爵位や官号を与え、朝貢国は定期的な遣使や暦の使用が義務づけられた。

(14) 府官制　中国南朝から将軍号を賜与された将軍が幕府を開き官人（府官）を任命した体制。倭王の珍・済の時に、南朝・宋から倭王らが将軍号や郡太守号が与えられたので、倭国内に僚属制的政治秩序が整えられたとする説がある。

(15) 部民制　地方首長支配下の民衆の一部を、大王・王族・中央氏族の管理下に移し、貢納や労役奉仕をさせた制度。地方首長は伴造に任じられ部民の管理にあたった。

(16) 覓国使　支配領域確定のための調査団

(17) 傍系親族　直系ではない親族。自分のキョウダイや直系親族のキョウダイなど。

(18) 大夫（まえつきみ）　大王に仕える官で、大王の前に伺候して、臣下に命を伝えたり、臣下からの奏上を取り次ぐ。特定の有力ウヂが大夫に任じられた。

(19) ミヤケ　王権が地方に設けた政治的・軍事的拠点。国造の領内などに置かれ、そこに使者が派遣され、地方首長を監督・指示したり各種生産を経営させたりした。

（岩永省三）

参 考 文 献

はじめに

田中良之　1995　『古墳時代親族構造の研究』柏書房

第1章

岩永省三　2003　「古墳時代親族構造と古代国家形成過程」(『古代国家形成過程論』すいれん舎、2022 に所収)

小林行雄　1959　『古墳の話』岩波新書

小林行雄　1961　『古墳時代の研究』青木書店

川西宏幸　2000　「同型鏡考」(『同型鏡とワカタケル』同成社、2004 に所収)

近藤義郎　1983　『前方後円墳の時代』岩波書店

清家章　2010　『古墳時代の埋葬原理と親族構造』大阪大学出版会

清家章　2018　『埋葬からみた古墳時代』吉川弘文館

下垣仁志　2003　「古墳時代前期倭製鏡の流通」(『古墳時代の王権構造』吉川弘文館、2011 に所収)

下垣仁志　2022　『鏡の古墳時代』吉川弘文館

白石太一郎　1997　「有銘刀剣の考古学的検討」(『古墳と古墳時代の文化』塙書房、2011 に所収)

田中良之　1995　『古墳時代親族構造の研究』柏書房

田中良之　2008　『骨が語る親族と社会』吉川弘文館

辻田淳一郎　2007　『鏡と初期ヤマト政権』すいれん舎

辻田淳一郎　2011　「初期横穴式石室における連接石棺とその意義」『史淵』148

辻田淳一郎編　2015　『山の神古墳の研究』九州大学大学院人文科学研究院考古学研究室

辻田淳一郎　2018　『同型鏡と倭の五王の時代』同成社

辻田淳一郎　2019　『鏡の古代史』角川選書

辻田淳一郎　2022　「古墳時代の威信財授受と親族関係」『日本考古学協会2022年度福岡大会研究発表資料集』日本考古学協会2022年度福岡大会実行委員会

辻田淳一郎　2023　「前方後円墳の築造停止とその背景」『史淵』160

都出比呂志　1970　「農業共同体と首長権」『講座日本史1』東京大学出版会

菱田哲郎　2007　『古代日本 国家形成の考古学』京都大学学術出版会

広瀬和雄　1992　「前方後円墳の畿内編年」近藤義郎編『前方後円墳集成 近畿編』山川出版社

松浦宇哲　2005　「福岡県王塚古墳の出現にみる地域間交流の変容」『待兼山考古学論集―都出比呂志先生退任記念―』大阪大学考古学研究室

桃崎祐輔　2015　「山の神古墳出土馬具の検討」辻田淳一郎編『山の神古墳の研究』九州大学大学院人文科学研究院考古学研究室

森下章司　1998　「鏡の伝世」『史林』81-4

森下章司　2005　「器物の生産・授受・保有形態と王権」前川和也・岡村秀典編『国家形成の比較研究』学生社

吉村武彦　1993　「倭国と大和王権」『岩波講座日本通史2』岩波書店

吉村武彦　2003　「ワカタケル大王と杖刀人首ヲワケ」小川良祐・狩野久・吉村武彦編『ワカタケル大王とその時代』山川出版社

第2章

足立佳代　2015　「東国の横穴墓における女性の埋葬について」『立正大学大学院年報』32

安達登・神澤秀明・藤井元人・清家章　2021　「磯間岩陰遺跡出土人骨のDNA」『磯間岩陰遺跡の研究　分析・考察編』田辺市教育委員会・科学研究費磯間岩陰遺跡研究班

荒井啓汰　2020　「常総地域の箱式石棺からみた古墳時代後半期の埋葬行為」『考古学研究』67（3）

石川健・舟橋京子・渡辺誠・原田智也・田中良之　2004　「長湯横穴墓出土人骨について」『長湯横穴墓群 桑畑遺跡』大分県教育委員会

池上悟　2000　『日本の横穴墓』雄山閣

大谷宏治　2012　「人骨からみた宇藤・天王ヶ谷横穴墓群造営集団の特徴」

『森町円田丘陵の横穴墓群』

大谷晃一　2001　「遠江における横穴墓研究ノート②」『静岡県考古学研究』
　　33

大山正風　1973　「桜谷古墳調査報告書」『天山・桜谷遺跡発掘調査報告書』
　　松山市教育委員会

柏木善治　2014　『埋葬技法から見た古代死生観』雄山閣

梶ケ山真理　2019　「山王横穴墓群出土人骨」『山王横穴墓群Ⅱ』大田区教
　　育委員会

川上邦彦　1995　「終末期古墳に於ける改葬墓」『網干善教先生華甲記念考
　　古学論集』網干善教先生華甲記念会編

久保哲三　1967　「古代前期における二重葬制について」『史観』75

小林幸雄　1959　『古墳の話』岩波書店

佐田茂　1979　「横穴墓の被葬者」『竹並遺跡』竹並遺跡調査会

清家章　2010　『古墳時代の埋葬原理と親族構造』大阪大学出版会

清家章　2021　『磯間岩陰遺跡の研究　分析・考察編』田辺市教育委員会・
　　科学研究費磯間岩陰遺跡研究班

設楽博己　1993　「再送墓の基礎的研究」『国立歴史博物館研究紀要』50

竹中正巳　2020　「南九州・大隅半島域の古墳時代人」『古墳を作った人々』
　　都城市教育委員会

田中良之　1995　『古墳時代親族構造の研究』柏書房

田中良之　2008　「断体儀礼考」『九州と東アジアの考古学．九州大学考古
　　学研究室50周年記念論文集』九州大学考古学研究室

田中良之・村上久和　1994　「墓室内飲食物供献と死の認定」『九州文化史
　　研究所紀要』39

田中良之・舟橋京子・吉村和昭　2012　「宮崎県内陸部地下式横穴墓被葬者
　　の親族関係」『九州大学総合研究博物館研究報告』10

田中良之・土肥直美・船越公威・永井昌文　1985　「上ノ原横穴墓被葬者の
　　親族関係」『上ノ原遺跡群4』大分県教育委員会

辻村純代　1983　「東中国地方における箱式石棺の同棺複数埋葬」『季刊人
　　類学』14-2

土井卓司　1979　「改葬・先骨」『葬送墓制研究集成　第1巻　葬法（土井
　　卓司・佐藤米司編)』名著出版

土肥直美・田中良之　1988　「古墳時代の抜歯風習」『日本民族・文化の生成 1.』六興出版

土肥直美・田中良之・船越公威　1986　「歯冠計測値による血縁者推定法と古人骨への応用」『人類学雑誌』94-2

藤井正雄　1999　「改葬」『日本民俗大辞典（福田アジオ・新谷尚紀・湯川洋司・神田より子・中込睦子・渡邊欣雄編）』

舟橋京子　2010　『抜歯風習と社会集団』すいれん舎

舟橋京子　2019　「東日本古墳時代抜歯風習の研究―関東地方を対象に―」『日本考古学』48

舟橋京子　2021　「古墳時代横穴墓に見られる改葬行為に関する試論」『持続する志』

舟橋京子・冨田啓貴・米元史織・端野晋平　2022　「徳島県域古墳出土人骨の再検討」『徳島大学埋蔵文化財調査室報告』

宮川　徙　1974　「於古墳出土の歯牙について」『馬見丘陵における古墳の調査（奈良県史跡名勝天然記念物調査報告 29）』奈良県教育委員会

八日市場市教育委員会　1988　『千葉県鷲ノ山横穴墓群』

山田康弘　1995　「多数合葬例の意義―縄文時代の関東地方を中心に」

第 3 章　＊紙幅の都合上、発掘調査報告書は割愛。

池田次郎・内藤芳篤・永井昌文・寺門之隆・山口敏・上村俊雄・小田富士雄・西谷正・横山浩一　1985　「〈シンポジウム〉国家成立前後の日本人―古墳時代人骨を中心として」『季刊人類学』16 巻 3 号

佐伯和信・分部哲秋　2012　「南九州古墳人のミトコンドリア DNA 研究の現状」『骨考古学と蝦夷・隼人』市民の考古学 12, 同成社

篠田謙一・神澤秀明・角田恒雄・安達登・竹中正巳　2021　「南九州古墳時代人骨のミトコンドリア DNA 解析　島内地下式横穴墓群・町田堀遺跡・立小野堀遺跡」『国立歴史民俗博物館研究報告』第 228 集

高椋浩史　2021　「九州における古墳時代人骨の四肢骨形態の研究」『持続る志　岩永省三先生退職記念論文集』

高椋浩史　2022　「九州における古墳時代人骨の頭蓋形態の研究」『九州大学総合研究博物館研究報告』第 19 号

高椋浩史・米元史織　2022　「古墳時代人骨の地域性」『日本考古学協会

　　2022 年度福岡大会研究発表資料集』

竹中正巳・峰和治・大西智和・小片丘彦・染田英利　2001　「宮崎県えびの
　　市島内地下式横穴墓群出土人骨」『島内地下式横穴墓群』付編　えびの
　　市教育委員会

辻田淳一郎編　2015　『山の神古墳の研究―「雄略朝」期前後における地域
　　社会と人制に関する考古学的研究：北部九州を中心に―』九州大学大
　　学院人文科学研究院考古学研究室

Doi N. and Tanaka Y.,1987. A geographical cline in metrical characteristics
　　of Kofun skulls from western Japan. 人類学雑誌 95, 325-343.

土肥直美・田中良之　1987　「人骨の地域差」『古代史復元』6　講談社

中橋孝博　2005　『日本人の起源　古人骨からルーツを探る』講談社

松下孝幸　1990　「南九州地域における古墳時代人骨の人類学的研」『長崎
　　医学会雑』65（4）

米元史織　2022　「北部九州の弥生時代人―頭蓋形質の地域性について―」
　　『九州大学総合研究博物館研究報告』第 19 号

分部哲秋　2009　『南九州古墳人の地域性と系統関係の究明』科学研究費補
　　助金データベース 2008 年度研究成果報告書

第 4 章

内村憲和・大野泰輔　2018　『飯隈遺跡群』町内遺跡発掘調査等事業に伴う
　　埋蔵文化財調査報告書　大崎町教育委員会発掘調査報告書第 11 集　大
　　崎町教育委員会

川西宏幸・辻村純代　1991　「古墳時代の巫女」『博古研究』第 2 号

九州大学医学部解剖学第二講座編　1988　『日本民族・文化の生成　(2): 九
　　州大学医学部解剖学第二講座所蔵古人骨資料集成』六興出版

桒畑光博　2018　「6. 築池地下式横穴墓群（2003-2 号）」『都城市内遺跡
　　11』都城市文化財調査報告書第 135 集　都城市教育委員会

清家章　1996　「副葬品と被葬者の性別」『雪野山古墳の研究　考察篇』雪
　　野山古墳発掘調査団

清家章　1998　「女性首長と軍事権」『待兼山論叢』32　史学篇

清家章　2004　「弥生・古墳時代の女性と戦争」『女性史学』（14）

清家章　2010　『古墳時代の埋葬原理と親族構造』大阪大学出版会

高椋浩史・吉村和昭　2018　「六野原地下式横穴墓群出土の古墳時代人骨」『宮崎県立西都原考古博物館研究紀要』第 14 号　宮崎県立西都原考古博物館

田中良之　1991　「上ノ原横穴墓群被葬者の親族関係」『一般国道 10 号線中津バイパス埋蔵文化財発掘調査報告書 II　上ノ原横穴墓群 II』大分県教育委員会

田中良之　1995　『古墳時代親族構造の研究―人骨が語る古代社会―』柏書房

田中良之　2008　『骨が語る古代の家族―親族と社会―』歴史文化ライブラリー 252　吉川弘文館

田中良之・舟橋京子　2014　「菓子野地下式横穴墓被葬者の親族関係」『都城市内遺跡 7』都城市文化財調査報告書第 113 集　都城市教育委員会

田中良之・舟橋京子・吉村和昭　2012　「宮崎県内陸部地下式横穴墓被葬者の親族関係」『九州大学総合研究博物館研究報告』10

中野和浩編　2010　『島内地下式横穴墓群 II』えびの市埋蔵文化財調査報告書第 49 集　えびの市教育委員会

橋本達也・三好裕太郎　2014　『九州南部における古墳時代鉄器の基礎的研究』鹿児島大学総合研究博物館

橋本達也　2020　「地下式横穴墓の構造」『横穴式石室の研究』同成社

福尾正彦　1980　「日向中央部における地下式横穴とその社会」『古文化談叢』第 7 集

舟橋京子　2017　「菓子野地下式横穴墓 1991-1 号墓出土人骨の親族関係」『都城市内遺跡 10』都城市文化財調査報告書第 132 集　都城市教育委員会

北郷泰道　1986　「南境の民の墓制」『えとのす』31　108-122 頁

北郷泰道　1994　「武装した女性たち―古墳時代の軍事編成についての覚書―」『考古学研究』第 40 巻第 4 号

北郷泰道　2006　「再論・南境の民の墓制―地下式横穴墓研究の現在―」『宮崎県立西都原考古博物館研究紀要』第 2 号　宮崎県立西都原考古博物館

松下孝幸　1990　「南九州地域における古墳時代人骨の人類学的研究」『長崎医学会雑誌』65 巻 4 号

吉村和昭　2011　「宮崎県西諸県地域における地下式横穴墓の墓群形成と埋葬原理―立切地下式横穴墓群を対象として―」『九州考古学』第86号

吉村和昭　2012a　「被葬者像の検討」『シンポジウム　島内地下式横穴墓群の出土品の評価と被葬者像』（予稿集）　えびの市教育委員会

吉村和昭　2012b　「地下式横穴における埋葬原理と女性への武器副葬」『南九州とヤマト政権―日向・大隅の古墳―』大阪府立近つ飛鳥博物館平成24年度秋季特別展図録　大阪府立近つ飛鳥博物館

吉村和昭　2015　「宮崎県平野部における地下式横穴墓群の群構造と埋葬原理―六野原古墳群・地下式横穴墓群を対象として―」『九州考古学』第90号

吉村和昭　2016　「地下式横穴墓における女性と未成人への武器副葬」『考古学は科学か　田中良之先生追悼論文集』下　中国書店

吉村和昭　2022　「地下式横穴墓と古墳時代の地域社会」『日本考古学協会2022年度　福岡大会研究発表資料集』

第5章

浅香年木　1971　『日本古代手工業生産史の研究』法政大学出版局

東昭吾　2018　『末古窯跡群詳細分布調査報告書（1）』東昭吾

渥美賢吾　2010　「溝付排煙口型窯の分布と系譜」『古代窯業の基礎研究―須恵器窯の技術と系譜―』真陽社

石木秀啓　2010　「九州」『古代窯業の基礎研究―須恵器窯の技術と系譜―』（前掲）

石木秀啓　2018　「牛頸窯跡群における生産体制の変革」『大宰府の研究』高志書院

岩越陽平　2018　「6世紀初頭における地方窯の分布とその背景に関する考察」『待兼山考古学論集Ⅲ』大阪大学考古学研究室

大場磐雄　1943　「上代祭祀阯と其の遺物に就いて」『神道考古学論攷』葦牙書房

岡田裕之　2010　「『陶部』・須恵器工人・家族」『古代窯業の基礎研究―須恵器窯の技術と系譜―』（前掲）

岡田裕之・原俊一　2004　「古墳時代の須恵器製作者集団―福岡県宗像市須恵須賀浦遺跡の研究―」『日本考古学』17

窯跡研究会　2010　『古代窯業の基礎研究—須恵器窯の技術と系譜—』真陽社

鎌田元一 2001「屯倉制の展開」『律令公民制の研究』塙書房

後藤建一　2006　「『天平 12 年遠江国浜名郡輸租帳』と湖西窯跡群」『陶磁器の社会史』桂書房

後藤建一　2015　「生産の構造」『遠江湖西窯跡群の研究』六一書房

坂本和俊　1987　「東国における古式須恵器研究の課題」『第八回三県シンポジウム　東国における古式須恵器をめぐる諸問題』千曲川水系古代文化研究所

坂本和俊　202　1「須恵器生産に関与した古代の氏族—陶部は置かれなかった—」『地域考古学』6 号

鷺森浩幸　2010　「陶邑と陶部」『日本古代の王権と社会』塙書房

佐々木幹夫　1979　「三輪山出土の須恵器」『古代』66

佐々木幹夫　1986　「新出土の三輪山須恵器」『古代』81

篠宮正ほか　1993　「平方遺跡」『北摂ニュータウン内遺跡調査報告書Ⅲ』兵庫県教育委員会

渋谷賢太郎　2021　「御座田遺跡」『2021 年度第 1 回遺跡調査発表会要旨』山梨県埋蔵文化財センター

菅原祥夫「東北」『古代窯業の基礎研究—須恵器窯の技術と系譜—』（前掲）

鈴木正信　2014　「大神氏の職掌」『大神氏の研究』雄山閣

清家章　2018　『埋葬からみた古墳時代』吉川弘文館

高橋照彦　2007　「須恵器工人の存在形態に関する基礎的検討」『須恵器生産における古代から中世への変質過程の研究』大阪大学大学院文学研究科

田中良之　1995　『古墳時代親族構造の研究』柏書房

竹内亮　2021　「酒造神としての三輪山の神の成立とその変遷」『うま酒の国　大和』奈良県立万葉文化館

千葉太朗　2013　「泉北丘陵の須恵器生産と『陶邑』」『和泉市の考古・古代・中世』和泉市

中村浩　1973　「和泉陶邑窯の成立」『日本書紀研究』七、塙書房

丹羽野裕・平石充　2010　「出雲・大井窯跡群の様相と生産体制試論」『古代窯業の基礎研究—須恵器窯の技術と系譜—』（前掲）

菱田哲郎　2002　「考古学からみた古代社会の変容」『平安京』日本の時代史5、吉川弘文館

菱田哲郎　2005　「須恵器の生産者」『人と物の移動』列島の古代史4、岩波書店

菱田哲郎　2007　「古代窯業生産地の消長」『古代窯業生産地の消長と地方制度』平成11年度～平成13年度科学研究費補助金（基盤研究（C）(2)）研究成果報告書

舟山良一ほか　2008　『牛頸窯跡群―総括報告書Ⅰ―』大野城市教育委員会

藤原学「伝来期の須恵器窯跡」『古代窯業の基礎研究―須恵器窯の技術と系譜―』（前掲）

宮崎泰史編　1995　『泉州における遺跡の調査Ⅰ　陶邑Ⅷ』大阪府教育委員会

山田邦和　1998　『須恵器生産の研究』学生社

余語琢磨　1990　「8世紀初頭の須恵器工人」『早稲田大学文学部研究科紀要』別冊17

渡辺正気　1995　「倭国の形成と発展の中で」『春日市史』上巻、春日市史編さん室

第6章

明石一紀　1990　『日本古代の親族構造』吉川弘文館

石母田正　1971　『日本の古代国家』岩波書店

井上辰雄　1974　『隼人と大和政権』学生社

井上光貞　1971　「日本の律令体制」『岩波講座世界歴史』6、岩波書店

岩崎卓也　1990　『古墳の時代』教育社

岩永省三　2003　「古墳時代親族構造論と古代国家形成過程」『九州大学総合研究博物館研究報告』1

岩永省三　2016　「古墳時代親族構造論と古代史研究」『考古学は科学か』下、田中良之教授追悼論文集編集委員会

鬼頭清明　1976　『日本古代国家の形成と東アジア』校倉書房

鬼頭清明　1979　『律令国家と農民』塙書房

熊谷公男　2004a　『蝦夷の地と古代国家』山川出版社

熊谷公男　2004b　『古代の蝦夷と城柵』吉川弘文館

熊谷公男　2009　「律令国家形成期における柵戸と関東系土器」『古代社会と地域間交流』六一書房

甲元眞之　1975　「弥生時代の社会」『古代史発掘』4、講談社

小林行雄　1952　「古墳時代文化の成因について」『日本民族』岩波書店

近藤義郎　1960　『月の輪古墳』月の輪古墳刊行会

近藤義郎　1977　「前方後円墳の成立」『考古論集』松崎寿和先生退官記念事業会

近藤義郎　1983　『前方後円墳の時代』岩波書店

近藤義郎・今井堯1972「前方後円墳の時代について」『考古学研究』19-1

サーヴィス　1979　（松園万亀雄訳）『未開の社会組織』弘文堂（Service,Elman-R.1971. *Primitive Social Organization.*）

清水昭俊　1987　「ウヂの親族構造」『日本の古代』11、中央公論社

白石太一郎　1999　『古墳と大和政権』文芸春秋

菅原祥夫　2015　「律令国家形成期の移民と集落」『東北の古代史3　蝦夷と城柵の時代』吉川弘文館

関口裕子　1984　「古代家族と婚姻形態」『講座日本歴史』2、東大出版会

高群逸枝　1952　『招婿婚の研究』講談社

田中良之　1995　『古墳時代親族構造の研究』柏書房

田中良之・舟橋京子・吉村和昭　2012　「宮崎県内陸部地下式横穴墓被葬者の親族関係」『九州大学総合研究博物館研究報告』10

都出比呂志　1970　「農業共同体と首長権」『講座日本史』1、東大出版会

都出比呂志　1989a　『日本農耕社会の成立過程』岩波書店

都出比呂志　1989b　「古墳が作られた時代」『古墳時代の王と民衆』講談社

都出比呂志　1990　「日本古代の国家形成過程」『日本史研究』338

都出比呂志　1991　「日本古代の国家形成論序説」『日本史研究』343

中村哲　1976　「前近代アジアの社会構成―マルクス・エンゲルスの歴史理論の再構成―」『日本史研究』163

中村明蔵　2001　『隼人の古代史』平凡社

永山修一　2009　『隼人と古代日本』同成社

原秀三郎　1974　「階級者愛形成の法則性と多様性」『講座マルクス主義研究入門』4、青木書店

原秀三郎　1975　「日本古代国家研究の理論的前提」『体系日本国家史』1、

東京大学出版会

菱田哲郎　2007　『古代日本　国家形成の考古学』京都大学学術出版会

古川一明　1996　「北辺に分布する横穴墓について」『考古学と遺跡の保護』

村田晃一　2015　「版図の拡大と城柵」『東北の古代史 3　蝦夷と城柵の時代』吉川弘文館

義江明子　1986　『日本古代の氏の構造』吉川弘文館

吉田孝　1976　「律令制と村落」『岩波講座　日本歴史 3　古代 3』岩波書店

吉田孝　1983　『律令国家と古代の社会』岩波書店

吉田孝　1985　「首長制と氏族制」『歴史学研究』547

吉田孝　1988　「古代社会における『ウヂ』」『日本の社会史』6、岩波書店

吉村和明　2016　「地下式横穴墓における女性と未成人への武器副葬」『考古学は科学か　田中良之先生追悼論文集』下　中国書店

和田晴吾　2000　「国家形成論研究の視点」『国家形成過程の諸変革』考古学研究会

和田晴吾　2004　「古墳文化論」『日本史講座』1 巻、東京大学出版会

お わ り に

　本書の内容は、「はじめに」でも述べられているように、2022年
10月8・9日の両日にわたって九州大学にて開催された、日本考古
学協会福岡大会・研究発表分科会2「古墳時代の親族関係と地域社
会」の成果をもとに、各発表者がまとめなおしたものである。各章
の論点については、「はじめに」および各章を直接ご参照いただく
として、最後にこの研究発表分科会を開催した経緯と、当日の討論
において議論された内容について紹介しておきたい。

　本研究発表分科会は、編者の岩永省三先生を研究代表者とする科
学研究費・基盤研究（B）「国家形成前段階における親族構造の地
域的変異に関する研究」（2019〜2021年度）による共同研究の成果
にもとづいている。一読いただければおわかりのように、本書を貫
く「古墳時代の親族と地域社会」という問題意識は、2015年に急
逝された九州大学の田中良之先生の主要な研究テーマの1つであ
り、この共同研究もその延長上に位置づけられる。当初はこの科学
研究費の最終年度に合わせて、2021年度に開催が予定されていた
日本考古学協会福岡大会にて成果を公表する予定であったが、コロ
ナ禍の影響で一年間順延となった。本書の執筆者は、いずれも田中
先生に直接指導を受けたか、もしくは田中先生の仕事に多大な影響
を受けた研究者である。田中先生の研究成果を学史として継承・発
展させる、というのが本分科会の課題の1つでもあり、田中先生が
もし本分科会の内容を聞かれたらどのような感想をもたれるであろ

172

うか、というのが執筆者一同の共通した思いであった。

　討論では、かぎられた時間ではあったが、分科会の論点を整理しつつ、①古墳時代の親族関係の復元と方法論、②古墳時代の親族関係と儀礼、③古墳文化・人骨形質の地域差・系譜と地域社会、④親族関係と諸生産：ミヤケ制・国造制・部民制、⑤古墳時代の親族関係・地域社会と古代国家形成といった問題について意見交換を行った。考古学・骨考古学・形質人類学（・文献史学・文化人類学……）といった各分野の成果を接続・横断する試みはこれまでもさまざまに行われているが、田中先生や岩永先生の研究が具体的に示しているように、人骨が出土した遺跡についての研究成果をもとに、人骨が出土していない遺跡も含めた地域社会のあり方、また古代国家形成の基盤、社会像・時代像・歴史像についても広く考える視点が得られる、というのが執筆者一同の共通認識である。討論のそれぞれの論点に関しては、本書の原稿に反映されている部分と、各執筆者に今後の課題として残された部分の両方がある。これらについては、古墳時代研究および関連する諸分野で進行しつつある研究動向を中心として、今後とも注視していただければ幸いである。

　本書は、上記の日本考古学協会福岡大会の終了後、同成社の佐藤涼子社長から、「古墳時代の親族と地域社会」という今回のテーマについて、より広い読者向けに出してみませんか、とお声がけいただいたことから準備が始まった。2022年の分科会の終了から一年後の刊行を目標として進めた結果が本書であり、出版に際し、佐藤社長に多大なご尽力をいただいたことに厚く御礼申し上げる。

　　2023年9月

　　　　　　　　　　　　　　　辻田淳一郎・舟橋京子

編者・執筆者略歴
（五十音順）

［編者］
岩永省三（いわなが・しょうぞう）

1956年、東京都生まれ

九州大学大学院文学研究科修士課程修了。その後、奈良国立文化財研究所・主任研究官、九州大学総合研究博物館・教授・副館長を経て、

現在、九州大学名誉教授

主要論文・著作：『金属器登場』講談社、1997年。『弥生時代の装身具』至文堂、1997年。『古代都城の空間操作と荘厳』すいれん舎、2019年。『古代国家形成過程論―理論・針路・考古学―』すいれん舎、2022年

［執筆者］
高椋浩史（たかむく・ひろふみ）

1983年、福岡県生まれ

現在、土井ヶ浜遺跡・人類学ミュージアム学芸員

主要論文：Does obstetric protection apply to small-bodied females? – A comparison between small-bodied Jomon foragers and large-bodied Yayoi agriculturalists in the prehistoric Japanese archipelago. *American Journal of human biology* 31(3), 2019年。「九州における古墳時代人骨の頭蓋形態の研究」『九州大学総合研究博物館研究報告』19、2022年

辻田淳一郎（つじた・じゅんいちろう）

1973年、長崎県生まれ

現在、九州大学大学院人文科学研究院准教授

主要論文・著作：『同型鏡と倭の五王の時代』同成社、2018年。『鏡の古代史』角川選書、2019年

菱田哲郎（ひしだ・てつお）

1960年、大阪府生まれ

現在、京都府立大学文学部教授

主要論文・著作：『古代日本　国家形成の考古学』京都大学学術出版会、2007年。『古代寺院史の研究』（共編者）思文閣出版、2019年。

舟橋京子（ふなはし・きょうこ）

1973年、熊本県生まれ

現在、九州大学比較社会文化研究院准教授

主要論文・著作：『抜歯風習と社会集団』すいれん舎、2010年。「古墳時代横穴墓に見られる改葬行為に関する試論」『持続する志　岩永省三先生退職記念論文集』2021年

吉村和昭（よしむら・かずあき）

1964年、大阪市生まれ

現在、奈良県立橿原考古学研究所附属博物館学芸課長

主要論文：「宮崎県平野部における地下式横穴墓群の群構造と埋葬原理―六野原古墳群・地下式横穴墓群を対象として―」『九州考古学』第90号、2015年。「地下式横穴墓における女性と未成人への武器副葬」『考古学は科学か　田中良之先生追悼論文集』下　中国書店、2016年

米元史織（よねもと・しおり）

1984年、東京都生まれ

現在、九州大学総合研究博物館助教

主要論文：「MSMsの時期的変遷からみる江戸時代武士の行動様式の確立」『日本考古学』54、2022年。「北部九州の弥生時代人達―いわゆる渡来系形質について―」『九州大学総合研究博物館研究報告』20、2023年

市民の考古学⑱
古墳時代の親族と地域社会

2023 年 10 月 31 日　初版発行

編　者	岩　永　省　三
発行者	山　脇　由　紀　子
印　刷	藤　原　印　刷㈱
製　本	協　栄　製　本㈱

発行所　東京都千代田区平河町 1-8-2　㈱同成社
山京半蔵門パレス(〒102-0093)
TEL　03-3239-1467　振替　00140-0-20618